Q&A
抵当権の法律と登記

青山 修 著

新日本法規

は　し　が　き

　本書は、抵当権の設定、変更・更正、移転、順位の変更、処分および抹消の登記について、実務上で生じることが比較的多い疑問点を取り上げＱ＆Ａ形式で解説したものです。

　テーマを「抵当権の登記実務」に特化し、現行の不動産登記法に基づいて1冊で解説した実務書は非常に稀であり、本書は最新の実務に対応できる唯一の登記実務書ではないかと思います。本書では、疑問点を「Ｑ」に掲げ、「Ａ」で簡潔に回答を示し、「解説」では、登記先例、判例、登記実務書等の根拠・引用先を示して詳細な解説をしています。また、「解説」においては、複雑な事案を分かりやすくするために図表を用いて解説しました。

　また、永年の懸案であった民法（明治29年法律89号）の「第3編　債権」の改正を中心とする「民法の一部を改正する法律」（平成29年法律44号）が平成29年6月2日に公布され、平成32年4月1日に施行されることになっています。この改正民法（新債権法）では、抵当権実務に影響を与える点が多くあります。例えば、登記実務で多く使用される抵当権の被担保債権に係る利息、免責的・併存的債務引受、連帯債務、債権譲渡および代位弁済等の改正があります。本書では現在における抵当権実務の解説をするとともに、当該解説中で改正民法による変更事項を抵当権実務にリンクさせて解説しています。これにより、本書1冊で、現在の抵当権実務と改正民法・抵当権実務とが関連付けて分かるようになっています。

　なお、本書執筆時においては、改正民法に係る不動産登記実務の登記先例が発出されていないため、登記先例の内容を組み込むことができませんでした。折を見て登記先例を組み込み、読者の方々の便宜に供することができればと考えています。

　　平成30年4月

　　　　　　　　　　　　　　　　　　　青　山　　修

略　語　表

＜法令の表記＞

　根拠となる法令の略記例および略語は次のとおりである（〔　〕は本文中の略語を示すものである。）。

　不動産登記法第83条第1項第1号＝不登83①一

民	民法	商登	商業登記法
改正民	民法の一部を改正する法律（平29法44）による改正後の民法〔改正民法または新債権法〕	商登規	商業登記規則
		税通	国税通則法
		整備法	民法の一部を改正する法律の施行に伴う関係法律の整備等に関する法律（平29法45）
不登	不動産登記法		
不登令	不動産登記令		
不登規	不動産登記規則	登税	登録免許税法
会社	会社法	登税規	登録免許税法施行規則
家事	家事事件手続法	利息	利息制限法
商	商法		

＜先例の表記＞

　根拠となる先例の略記例は次のとおりである。

　平成27年10月23日法務省民二第512号法務省民事局長通達
　＝平27・10・23民二512
　平成28年6月8日法務省民二第386号法務省民事局長通達による不動産登記記録例371
　＝記録例371

＜判例の表記＞

　根拠となる判例の略記例および出典の略称は次のとおりである。

　最高裁判所昭和60年5月23日判決、判例時報1158号192頁
　＝最判昭60・5・23判時1158・192

判時	判例時報	民集	最高裁判所（大審院）民事判例集
判タ	判例タイムズ		
金法	金融法務事情	民録	大審院民事判決録
新聞	法律新聞		

参考文献一覧 (五十音順)

(左欄に、本書中で使用した文献の略称を表記している。)

【あ行】

愛知県司法書士会速報	愛知県司法書士会「愛知県司法書士会速報」(愛知県司法書士会)
生熊・担保物権法	生熊長幸『担保物権法』(三省堂)
幾代・徳本補訂・不動産登記法	幾代通・徳本伸一補訂『不動産登記法〔第四版〕』(有斐閣)
一問一答　新しい成年後見制度	小林昭彦・大鷹一郎・大門匡編『一問一答　新しい成年後見制度〔新版〕』(商事法務)
江頭・株式会社法	江頭憲治郎『株式会社法　第7版』(有斐閣)
奥田・債権総論	奥田昌道『債権総論〔増補版〕』(悠々社)

【か行】

カウンター相談Ⅱ	登記研究編集室編『カウンター相談Ⅱ』(テイハン)
家事事件の申立書式と手続	長山義彦ほか『〔新版補訂〕家事事件の申立書式と手続』(新日本法規出版)
基本法コンメンタール物権	遠藤浩・鎌田薫編『基本法コンメンタール〔第5版〕物権』(日本評論社)
Q＆A権利に関する登記の実務Ⅶ・Ⅷ	不動産登記実務研究会編著『Q＆A権利に関する登記の実務Ⅶ』『Q＆A権利に関する登記の実務Ⅷ』(日本加除出版)
Q＆A210選	日本法令不動産登記研究会編『事項別　不動産登記のQ＆A210選〔7訂版〕』(日本法令)
Q＆A不動産登記法	清水響編著『Q＆A不動産登記法』(商事法務)
協議結果集	愛知県司法書士会権利登記法司研究委員会『名古屋法務局・愛知県司法書士会不動産権利登記研究会協議結果集』(愛知県司法書士会)
ケーススタディ40選	法務省法務総合研究所編『対話式　不動産登記　ケーススタディ40選』(日本加除出版)
広辞苑	新村出編『広辞苑第6版』(岩波書店)

【さ行】

潮見・債権総論	潮見佳男『債権総論〔第2版〕II』（信山社）
商法総則・商行為法	田邊光政『商法総則・商行為法第3版』（新世社）
昭和63年登記官会同	法務省民事局内法務研究会編『改正不動産登記法と登記実務―コンピュータによる登記手続―』（テイハン）
新基本法コンメンタール不動産登記法	鎌田薫・寺田逸郎編『新基本法コンメンタール　不動産登記法』（日本評論社）
新債権総論II	潮見佳男『新債権総論II』（信山社）
新成年後見制度の解説	小林昭彦・大門匡編著『新成年後見制度の解説』（金融財政事情研究会）
新根抵当法	貞家克己・清水湛『新根抵当法』（金融財政事情研究会）
新不動産登記書式解説(二)	香川保一編著『新不動産登記書式解説（二）』（テイハン）
新不動産登記法逐条解説(二)	香川保一『新不動産登記法逐条解説（二）』（テイハン）
成年後見教室	公益社団法人　成年後見センター・リーガルサポート編著『成年後見教室　実務実践編2訂版』（日本加除出版）
相続法逐条解説（中）	中川淳『相続法逐条解説（中巻）』（日本加除出版）

【た行】

逐条解説不動産登記規則	小宮山秀史『逐条解説不動産登記規則[1]』（テイハン）
逐条不動産登記令	河合芳光『逐条不動産登記令』（金融財政事情研究会）
注解不動産法	林良平・青山正明編『不動産登記法〔補訂版〕〔注解不動産法第6巻〕』（青林書院）
中間試案補足説明	法務省民事局参事官室『民法（債権関係）の改正に関する中間試案の補足説明』（平成25年4月）
注釈民法（25）	於保不二雄・中川淳編集『新版　注釈民法（25）』（有斐閣）
登記原因証書の理論と実務	藤原勇喜『登記原因証書の理論と実務』（きんざい）
東京家裁後見センターにおける成年後見制度運用の状況と課題	東京家裁後見問題研究会編著『東京家裁後見センターにおける成年後見制度運用の状況と課題』判例タイムズ1165号（判例タイムズ社）
登研	『登記研究』（テイハン）

| 登情 | 『登記情報』（金融財政事情研究会〔民事法情報センター〕） |
| 登先 | 『登記先例解説集』（民事法情報センター〔金融財政事情研究会〕） |

【な行】

| 名古屋法務局登記情報19 | 名古屋法務局事務改善研究会編集『登記情報第19号』（新日本法規出版） |
| 根抵当登記実務一問一答 | 枇杷田泰助監修『根抵当登記実務一問一答』（金融財政事情研究会） |

【は行】

不動産登記研修講座	誌友会民事研修編集室『登記簿を道しるべに不動産の世界へ　不動産登記研修講座　登記記載例〔№97〜№433〕』（日本加除出版）
不動産登記実務総覧（上）	法務省民事局内法務研究会編『新訂　不動産登記実務総覧（上）』（きんざい）
不動産登記実務の視点Ⅲ	登記研究編集室編『不動産登記実務の視点Ⅲ』（テイハン）
不動産登記書式精義中（一）	香川保一編著『新訂　不動産登記書式精義中（一）』（テイハン）
不動産登記先例解説総覧、追加編Ⅰ	登記研究編集室編『不動産登記先例解説総覧』、『不動産登記先例解説総覧　追加編Ⅰ』（テイハン）
不動産登記総覧書式編〈2〉	登記制度研究会編集『不動産登記総覧書式編〈2〉④』（新日本法規出版）
平成11年民法一部改正法等の解説	法曹会編『平成11年民法一部改正法等の解説』（法曹会）
法律用語辞典	法令用語研究会編『有斐閣　法律用語辞典〔第4版〕』（有斐閣）

【ま行】

| 民月59・1 | 法務省民事局編『民事月報』Vol.59№1（法曹会） |
| 民事執行の実務（下） | 東京地方裁判所民事執行センター実務研究会編著『民事執行の実務【第3版】不動産執行編（下）』（金融財政事情研究会） |

民法改正法案の概要	潮見佳男『民法（債権関係）改正法案の概要』（金融財政事情研究会）
民法総則	四宮和夫・能見善久『民法総則〔第八版〕』（弘文堂）

【わ行】

我妻・有泉コンメンタール民法	我妻榮・有泉亨・清水誠・田山輝明『我妻・有泉コンメンタール民法　総則・物権・債権〔第4版〕』（日本評論社）
我妻・債権総論	我妻榮『新訂　債権総論』（岩波書店）

目　　次

ページ

会社法人等番号の記載について……………………1

第1章　抵当権設定の登記

第1　抵当権設定登記が可能な時期

Q1　建物の新築と設定登記ができる時期…………………7

Q2　新築日と設定登記…………………………8

Q3　取得日前の設定契約………………………10

Q4　清算会社の設定行為………………………11

第2　抵当権設定登記の登記原因・その日付

Q5　登記原因の例示……………………………12

新債権法への対応

〔要物契約・諾成契約の方法による金銭消費貸借契約〕

Q6　要物契約・諾成契約………………………20

新債権法への対応

〔金銭消費貸借契約と抵当権設定登記〕

Q7　抵当権設定登記の登記原因証明情報……………22

第3　抵当権設定の登記事項

1　登記事項

Q8　設定の登記事項……………………………25

Q9　共同担保…………………………………26

2　債権額

Q10　設定登記前の一部弁済……………………27

Q11	債権額の一部の担保	30
Q12	追加設定における債権額	32
Q13	分割貸付・限度貸付	32
Q14	数個の債権の担保	34
Q15	債権者が複数	36
Q16	金銭債権を目的としない債権	38
Q17	外貨表示の債権	39
Q18	外貨と円貨による債権額	41
Q19	求償債権の債権額	43

3 債務者

| Q20 | 債務者の氏名・住所 | 45 |
| Q21 | 複数の債務者 | 45 |

4 利 息

Q22	利息・利率	47
Q23	利息に関する定め	47
Q24	利息制限法	50
Q25	求償権の利息	51
Q26	登記できない利息の定め	52
Q27	利息の定め方の例	53
Q28	年365日日割計算の定め	54

新債権法への対応

| Q29 | 民法改正と利息 | 56 |

5 損害金

| Q30 | 違約金 | 59 |
| Q31 | 年365日日割計算の定め | 62 |

目　　次　　3

6　債権に付した条件・権利の消滅に関する定め

Q32　債権に付した条件……………………………………63

Q33　権利の消滅に関する定め……………………………65

7　抵当権の効力が及ぶ範囲

Q34　抵当権の効力が及ぶ範囲の別段の定め……………68

第4　取扱店の記載

Q35　取扱店の記載…………………………………………70

Q36　取扱店の表示例………………………………………70

第5　抵当権の追加設定

1　抵当権変更登記の要否

Q37　抵当権者の表示変更…………………………………74

Q38　利息・債務者の住所等の変更………………………74

Q39　債務者の合併と追加設定……………………………75

Q40　追加設定できない表示の例…………………………76

Q41　一部弁済されている場合……………………………77

Q42　取扱店………………………………………………77

2　追加設定登記の申請情報

Q43　追加設定における債権額……………………………79

Q44　1個の登記原因証明情報でする追加設定登記……79

Q45　同一管轄の追加設定…………………………………84

Q46　管轄を異にする追加設定……………………………87

第6　抵当権設定の仮登記

Q47　仮登記の要件…………………………………………91

Q48　仮登記の本登記……………………………………………95
Q49　共同抵当権設定の仮登記………………………………97

第7　制限行為能力者の抵当権設定行為

1　未成年者

Q50　未成年者…………………………………………………99
Q51　利益相反行為と特別代理人……………………………107

2　成年被後見人

Q52　成年被後見人……………………………………………109

3　被保佐人

Q53　被保佐人…………………………………………………115

4　被補助人

Q54　被補助人…………………………………………………125

第8　会社の利益相反取引

1　株式会社

Q55　決議機関…………………………………………………135
Q56　代表取締役の議決権……………………………………137
Q57　利益相反取引となる例…………………………………138
Q58　利益相反取引にならない例……………………………139

2　持分会社

Q59　承認機関…………………………………………………140

第2章 抵当権変更・更正の登記

第1 債権額の変更

Q60 異なる債権契約と債権額の増額‥‥‥‥‥‥‥‥‥‥‥‥‥‥‥‥ 143

Q61 同一債権契約に係る増額・減額‥‥‥‥‥‥‥‥‥‥‥‥‥‥‥‥ 144

第2 利息等の変更・更正

Q62 利息の変更‥‥‥‥‥‥‥‥‥‥‥‥‥‥‥‥‥‥‥‥‥‥‥‥‥ 147

Q63 年365日日割計算の追加‥‥‥‥‥‥‥‥‥‥‥‥‥‥‥‥‥‥‥ 148

Q64 利息の特別の登記‥‥‥‥‥‥‥‥‥‥‥‥‥‥‥‥‥‥‥‥‥‥ 149

Q65 利息の特別登記の申請手続‥‥‥‥‥‥‥‥‥‥‥‥‥‥‥‥‥‥ 151

第3 債務者の変更

1 相続による債務者の変更

Q66 債務者の死亡①－債務承継登記‥‥‥‥‥‥‥‥‥‥‥‥‥‥‥‥ 155

Q67 債務者の死亡②－変更の期間‥‥‥‥‥‥‥‥‥‥‥‥‥‥‥‥‥ 163

2 一般的な債務引受契約による債務者の変更

(1) 免責的債務引受による債務者の変更

Q68 免責的債務引受‥‥‥‥‥‥‥‥‥‥‥‥‥‥‥‥‥‥‥‥‥‥‥ 164

Q69 住所・氏名の変更登記の要否‥‥‥‥‥‥‥‥‥‥‥‥‥‥‥‥‥ 166

Q70 申請情報・添付情報‥‥‥‥‥‥‥‥‥‥‥‥‥‥‥‥‥‥‥‥‥ 167

新債権法への対応

Q71 免責的債務引受契約と登記‥‥‥‥‥‥‥‥‥‥‥‥‥‥‥‥‥‥ 169

(2) 重畳的債務引受による債務者の変更

Q72 重畳的債務引受‥‥‥‥‥‥‥‥‥‥‥‥‥‥‥‥‥‥‥‥‥‥‥ 175

Q73 住所・氏名の変更登記の要否‥‥‥‥‥‥‥‥‥‥‥‥‥‥‥‥‥ 176

Q74 申請情報・添付情報‥‥‥‥‥‥‥‥‥‥‥‥‥‥‥‥‥‥‥‥‥ 176

6 目　次

新債権法への対応

Q75　併存的債務引受契約と登記…………………………………… 178

　　　（3）　連帯債務者の1人に対する債務免除

Q76　1人に対する債務免除 ………………………………………… 181

Q77　債務免除の変更登記……………………………………………… 182

新債権法への対応

Q78　連帯債務者1人の債務免除 …………………………………… 185

　　　3　連帯債務者の住所変更

Q79　連帯債務者の住所変更…………………………………………… 189

第4　共有持分上の抵当権の効力の変更

Q80　所有権全部に及ぼす変更………………………………………… 190

Q81　共有者1人からの持分取得と設定 …………………………… 193

Q82　共有者1人の抵当権抹消 ……………………………………… 194

第5　取扱店の変更

Q83　取扱店変更の申請人……………………………………………… 198

Q84　取扱店を証する情報……………………………………………… 198

Q85　取扱店変更の記載方法…………………………………………… 199

Q86　追加設定登記と取扱店の表示………………………………… 200

第6　抵当権変更と利益相反行為

Q87　債務者を会社から代表取締役に変更………………………… 202

Q88　債務者を代表取締役から会社に変更………………………… 203

第3章 抵当権移転の登記

第1 抵当権者の相続

Q89 遺産分割協議による取得……………………………………… 207

Q90 特別受益証明書と申請人……………………………………… 207

Q91 同一の申請情報による移転の可否………………………… 208

Q92 休眠担保権抹消と相続登記………………………………… 209

Q93 申請情報・添付情報………………………………………… 209

第2 抵当権者の合併

Q94 抵当権者が存続会社………………………………………… 211

Q95 申請情報・添付情報………………………………………… 211

第3 会社分割

Q96 会社分割と抵当権移転……………………………………… 213

Q97 申請情報・添付情報………………………………………… 213

第4 債権譲渡

Q98 債権譲渡による抵当権移転登記………………………… 216

Q99 申請情報・添付情報………………………………………… 216

Q100 譲受無担保債権の抵当権設定…………………………… 218

Q101 連帯債務者1人の債権譲渡……………………………… 219

新債権法への対応

Q102 譲渡制限特約付債権の譲渡……………………………… 220

第5 代位弁済

Q103 代位弁済による抵当権移転……………………………… 222

Q104　代位弁済と登録免許税 ……………………………………… 224

新債権法への対応

Q105　弁済による代位 ……………………………………………… 225

第4章　抵当権の順位の変更登記

第1　順位の変更登記

Q106　順位変更の効力 ……………………………………………… 231
Q107　順位変更の可否 ……………………………………………… 232
Q108　順位変更の態様 ……………………………………………… 235
Q109　順位変更の申請人 …………………………………………… 236
Q110　利害関係人の承諾 …………………………………………… 238
Q111　申請情報・添付情報 ………………………………………… 239

第2　順位の変更登記の抹消

Q112　順位変更登記の抹消① …………………………………… 243
Q113　順位変更登記の抹消② …………………………………… 243

第3　順位の変更登記と利益相反行為

Q114　同一代表取締役による順位変更契約 ……………………… 244

第5章　抵当権の処分の登記

第1　転抵当権設定

Q115　転抵当 ………………………………………………………… 247
Q116　申請情報・添付情報 ………………………………………… 249

第2 抵当権のみの譲渡・放棄

Q 117 抵当権のみの譲渡 ……………………………………… 251

Q 118 申請情報・添付情報 …………………………………… 254

Q 119 抵当権のみの一部譲渡 ………………………………… 256

Q 120 受益債権の一部のための抵当権のみの譲渡 ………… 257

Q 121 抵当権のみの放棄 ……………………………………… 258

Q 122 申請情報・添付情報 …………………………………… 259

第3 抵当権の順位の譲渡・放棄

Q 123 抵当権の順位の譲渡 …………………………………… 260

Q 124 申請情報・添付情報 …………………………………… 261

Q 125 抵当権の順位の放棄 …………………………………… 263

Q 126 申請情報・添付情報 …………………………………… 265

第4 賃借権の先順位抵当権に優先する同意 の登記

Q 127 賃借権に対抗力を与える制度 ………………………… 266

Q 128 申請情報・添付情報 …………………………………… 268

第5 抵当権処分と利益相反行為

Q 129 同一代表取締役による順位譲渡契約 ………………… 270

第6章　抵当権消滅の登記

第1　抵当権抹消登記をする前提としての各種登記の要否

1　抵当権者の表示変更・相続・合併

Q130　抵当権者の表示変更 ································· 273

Q131　相続・合併 ··· 273

Q132　和解調書の住所併記 ······························· 276

Q133　相続人不存在 ······································· 276

Q134　抵当権者の所在不明 ······························· 277

Q135　弁済期20年経過後の単独申請の制度 ··············· 279

Q136　弁済期20年経過後の単独申請の添付情報 ··········· 282

Q137　抹消の原因・その日付 ····························· 287

Q138　抵当権者の相続登記の要否 ························· 287

2　抵当権設定者の表示変更・相続

Q139　設定者の表示変更 ································· 288

Q140　設定者の死亡前に弁済 ····························· 288

Q141　設定者の死亡後に弁済 ····························· 289

Q142　共有設定者1人の死亡 ····························· 290

第2　申請人

Q143　登記権利者1人からの申請 ························· 292

Q144　登記義務者1人からの申請 ························· 292

Q145　設定後に所有権移転 ······························· 293

Q146　次順位抵当権者の抹消申請 ························· 293

第3 抵当権抹消登記の利害関係人

Q147 利害関係人の承諾 ……………………………………………… 295

Q148 抹消利害関係人の承諾情報 …………………………………… 296

第4 混同・代物弁済・主債務消滅と抵当権抹消

Q149 混　同 ……………………………………………………………… 298

Q150 混同後に所有権移転 …………………………………………… 300

Q151 共同担保と混同 ………………………………………………… 301

Q152 持分取得と混同 ………………………………………………… 302

Q153 同順位設定と混同 ……………………………………………… 302

Q154 抵当権消滅後に設定登記 ……………………………………… 303

Q155 混同による抹消登記手続 ……………………………………… 304

Q156 抵当権の相続人の申請 ………………………………………… 306

Q157 代物弁済と抵当権抹消 ………………………………………… 306

Q158 主債務消滅 ……………………………………………………… 307

新債権法への対応

〔代物弁済〕

Q159 代物弁済の規定 ………………………………………………… 308

第5 清算結了と抵当権抹消

Q160 清算結了登記前に抵当権消滅 ………………………………… 311

Q161 清算結了登記後に抵当権消滅 ………………………………… 313

第6 抵当権抹消と利益相反行為

Q162 弁済・解除・主債務消滅による抵当権抹消 ………………… 315

12 目 次

新債権法への対応

〔弁済と抵当権抹消登記〕

Q163 弁済規定の新設 ………………………………………… 316

新債権法への対応

〔弁済と抵当権抹消登記〕

Q164 口座払込みによる弁済 ………………………………… 317

索　引

○先例年次索引………………………………………………… 321

○判例年次索引………………………………………………… 326

会社法人等番号の記載について

1 会社法人等番号

（1） 会社法人等番号とは

会社法人等番号とは、特定の会社、外国会社その他の商人を識別するために、会社または法人の登記簿（支店・従たる事務所の登記簿を除く）に記録される12桁の番号をいう（商登7、商登規1の2）。

（2） 同一登記所における添付省略制度の廃止

不動産登記の申請をする登記所と当該申請法人の本店を管轄する登記所とが同一または同一登記所に準ずるものとされる場合には、法務大臣が指定した登記所を除き、申請法人の代表者の資格を証する情報（登記事項証明書、代表者事項証明書）の添付を省略することができるとされていたが、この制度は廃止されたので（旧不登規36①②の削除）、会社法人等番号の提供を省略することはできない（平27・10・23民二512）。

なお、印鑑に関する証明書については、申請を受ける登記所が、添付すべき印鑑に関する証明書を作成すべき登記所と同一であって、法務大臣が指定した登記所以外のものである場合には、添付を省略することができる（不登規48①一・49②一）。

2 申請情報と併せて登記所に提供する会社法人等番号・登記事項証明書

不動産登記の申請をする場合において、申請人が法人であるときは、次に掲げる①〜③の情報のうち、いずれか1つを申請情報と併せて登記所に提供しなければならない（不登令7①）。

① 会社法人等番号を有する法人については、当該法人の会社法人等

番号（不登令7①一イ）

　②③の場合を除き、法人の代表者の資格を証する情報（登記事項証明書）に代えて、当該法人の会社法人等番号を提供することとされた。

② 　会社法人等番号を有する法人が会社法人等番号を提供しないときは、当該法人の代表者（支配人等（支配人その他の法令の規定により法人を代理することができる者であって、その旨の登記がされているもの（不登規36①二）を含む）の資格を証する情報（登記事項証明書）（不登規36①一）。

　この書面は、作成後1か月以内のものでなければならない（不登規36②）。

③ 　会社法人等番号を有する法人以外の法人については、当該法人の代表者の資格を証する情報（登記事項証明書）（不登令7①一ロ）

　この書面は、作成後3か月以内のものでなければならない（不登令17①）。

3　会社法人等番号の提供により代替することができる添付情報

　次の例のように、申請人または第三者が法人の代表者の資格を証する情報を提供しなければならない場合において、当該申請人または第三者が会社法人等番号を提供したときは、当該法人の代表者の資格を証する情報の提供に代えることができる（平27・10・23民二512・2(4)）。

① 　登記上の利害関係を有する第三者の許可等を証する情報

　登記原因について第三者が許可等したことを証する情報を提供しなければならない（不登令7①五ハ）場合において、当該第三者の会社法人等番号を提供したときは、その代表者の資格を証する情報の提供に代えることができる。

② 　法人の合併による承継または法人の名称変更等を証する情報

法人の承継を証する情報（不登令7①四・五、不登令別表22項添付情報欄）または法人の名称変更等を証する情報（不登令別表23項添付情報欄等）の提供を要する場合において、当該法人の会社法人等番号を提供したときは、これらの情報の提供に代えることができる。

③　登記原因証明情報の一部として登記事項証明書の提供が必要とされている場合

　　会社分割による権利の移転の登記の申請をする場合において提供すべき新設会社または吸収分割承継会社の登記事項証明書（平18・3・29民二755）など、登記原因証明情報の一部として登記事項証明書の提供が必要とされている場合においても、これらの会社の会社法人等番号を提供したときは、登記事項証明書の提供に代えることができる。

4　本書における会社法人等番号の取扱い

　不動産登記において申請情報と併せて提供しなければならないとされている「会社法人等番号」または「法人の代表者の資格を証する情報」については、前記2①〜③に区分することができるが、本書においては単に「会社法人等番号」と記載している。

　本書の本文中または添付情報で「会社法人等番号」と記載している部分は、前記2①〜③のいずれか1つを指すものとしてご了承を頂きたい。なお、前記2②または③の場合は、申請情報の添付情報欄中「会社法人等番号」とあるのは「登記事項証明書」と記録することになる。

第1章　抵当権設定の登記

6

第1 抵当権設定登記が可能な時期

Q1 建物の新築と設定登記ができる時期

新築建物に抵当権を設定する場合、どのくらい建築工事が進行すれば、抵当権設定登記を申請することができるか。

A 　屋根および周壁またはこれらに類するものを有し、土地に定着した建造物であって、その目的とする用途に供し得る状態になったときに建物の新築の表題登記の申請が可能となる。したがって、抵当権設定登記は表題登記完了後で、所有権保存登記の申請ができるとき以降である。

解　説

1　建物と認められる時期

建築中の建物に抵当権設定登記をするためには、その建物が表題登記をすることができる状態になっていることが必要である。

建築工事中の建造物が、どの程度まで建築工事が進行すれば建物といえるかにつき、判例は、建物がその目的とする使用に適当な構成部分を具備する程度に達し、建物として不動産登記法により登記をすることができるときは、当該有体物は動産の領域を脱して不動産の部類に入るとし、工事中の建造物であっても屋根および周壁を有し土地に定着した一個の建造物として存在するに至るときは、床および天井を具備しなくても建物といえるとしている（大判昭10・10・1民集14・1671）。

2　登記法における建物としての認定時期

判例は、建物と認められる時期を1のように解しているが、完成していない建築中の建造物が建物として表題登記を申請することができる

状態であるというためには、「屋根及び周壁又はこれらに類するものを有し、土地に定着した建造物であって、その目的とする用途に供し得る状態にあるものでなければならない」（不登規111）。

　上記の要件を満たせば建物の表題登記の申請が可能となる。抵当権設定登記が申請できるのは、表題登記が完了して所有権保存登記の申請ができるとき（不登74①一）以降である。なお、所有権保存登記より前に表題登記をする必要があることについては、不動産登記法74条1項1号［表題部所有者からの所有権保存登記の申請］、同法75条［表題登記がない不動産についてする所有権保存登記］を参照。

3　新築日の特定

　建築工事中の建造物が建物（不動産）といえるようになった日から建築工事の完了日までは日数的に幅があり、また、個人の主観もあることから、必ずしも特定の日を新築日として指定することは容易ではない。屋根・周壁等を備えた時期から建築工事の完了日までの間の日を新築日として表題登記の申請をすることが一般的と思われる。具体的には、建築基準法7条の2第5項の規定による検査済証に記載された検査年月日を新築日とすることもある。

　建物が不動産として登記の対象となる時期と表題登記用紙に記録されている新築日とは、必ずしも一致しない。現実として、登記官にも新築日を断言することはできない。

Q2　新築日と設定登記

　建物表題部の新築日より前の日を抵当権設定日とする抵当権設定登記は、申請できるか。

第1章　第1　抵当権設定登記が可能な時期　　　9

　A　　建物表題部の新築日と建築中の建造物が不動産となった時
　　　　期とは、必ずしも一致しない。したがって、新築日前の日を
抵当権設定日とする抵当権設定契約書であっても登記の申請は、原
則として受理される。

解　　説

1　建物の新築日

　Q1で記述したように、建造物が不動産となる時期には幅があり、
建物表題部に記録されている新築日が、当該建造物が不動産となった
日と断言することはできない。したがって、工事中の建造物が表題部
の新築日よりも前に不動産として成立していることはあり得るので、
当該不動産が物権として抵当権の目的となることは否定できない。

　例えば、表題部の新築日が平成30年6月2日と登記されていても、当
該建造物は平成30年6月1日には不動産といえる状態になっていたかも
しれない（表題部の新築日と当該建造物が不動産としての建物となっ
た日とは、必ずしも一致しない）。建物の新築日（建築工事の完成日）
は、建築主の判断にかかわるので、どうしても数日間のずれを生じる。

　また、登記されている建物については、新築日が全く登記されてい
ないものもあり、あるいは、新築日「年月日不詳」という登記がされ
ているものもある。このような場合に、当該建物は不動産として登記
されているのにもかかわらず、新築日が不明だから抵当権設定契約は
締結できないと考えることはないであろう。

2　新築日前の抵当権設定契約の有効性

（1）　登記されている建物の新築日より前の抵当権設定契約

　先例は、登記記録に記録されている建物の建築日前に締結した抵当
権設定契約に基づく抵当権の設定登記の申請であっても受理して差し

支えないとしている（昭39・4・6民甲1291）。文献の中には、表題部の新築日の10日前に作成された抵当権設定契約書を登記原因証明情報とすることができるとするものがある（Q＆A権利に関する登記の実務Ⅶ456頁）。

(2)　将来建築される建物を抵当権の目的とする抵当権設定契約

将来建築される建物を目的とする抵当権設定契約は、その建物が建築されたときに抵当権の設定契約を締結する債権を生じさせる債権契約としてのみ有効である。「不動産の表示は、担保物件建築後表示する」とある抵当権設定契約書は抵当権設定登記の登記原因証明情報とならない（昭37・12・28民甲3727）。建物が存在しない以上、停止条件付の物権（抵当権）が成立する余地はない。

Q3　取得日前の設定契約

抵当権の目的たる不動産の取得日前の日による抵当権設定契約で抵当権設定登記ができるか。

A　　　抵当権設定の登記をすることはできない。

解　　説

例えば、平成30年5月11日金銭消費貸借契約同日抵当権設定契約をした後に、平成30年5月20日に不動産の所有権取得をした場合には、抵当権設定の登記をすることはできない。この場合、不動産所有権の取得を停止条件とする抵当権の設定契約と解することができる事案であれば、不動産の取得と同時に抵当権が成立するとみることができ、登記原因を不動産取得の日として抵当権設定登記をすることはできる（登研440・79）。

第1章　第1　抵当権設定登記が可能な時期　　　11

Q4　清算会社の設定行為

清算中の会社を抵当権設定者とする抵当権設定登記の申請は、受理されるか。

A　　抵当権設定契約をした時点が会社の解散の前であると否とを問わず、受理される。

解　説

1　清算会社の能力

　株式会社または持分会社の解散等、会社法475条または644条で定める清算の開始原因があったことにより清算をする会社（以下「清算会社」という）は、清算の目的の範囲内において、清算が結了するまでは、なお存続するものとみなされる（会社476・645）。

　清算会社の権利能力は清算の目的の範囲内に縮減されるので、清算会社は、清算事務それ自体および清算事務を遂行するために必要な行為は行うことができるが、営業取引をする権利能力は有しない（大判大8・10・9民録25・1761）。清算の目的である現務の結了のために行う商品の売却・仕入れ等は行うことができる（江頭・株式会社法998頁）。

2　清算会社を抵当権設定者とする抵当権設定登記の申請の可否

　清算会社を登記義務者とする抵当権設定登記の申請につき、先例は「清算の目的の範囲内」の行為として、抵当権設定契約の時点が解散前であると否とを問わず受理して差し支えないとする。また、この場合の抵当権の債務は、清算会社の債務に限られず、第三者の債務であってもよいとしている（昭41・11・7民甲3252）。

第2　抵当権設定登記の登記原因・その日付

> **Q5**　登記原因の例示
>
> 　抵当権を設定登記することができる登記原因、設定登記することができない登記原因には、どのようなものがあるか。

A　　金銭消費貸借契約上の1個の債権を担保するための抵当権設定登記の登記原因は、「年月日金銭消費貸借年月日設定」とする。他の登記原因については $\boxed{\text{解　　説}}$ の2または3を参照。

$\boxed{\text{解　　説}}$

1　登記原因及びその日付

　「抵当権（根抵当権を含む。）その他担保権の設定登記の申請書には、被担保債権の発生原因たる債権契約及びその日付をも登記原因の一部として記載せしめ、登記簿に記載すること」とされている（昭30・12・23民甲2747）。これは、抵当権等の担保権を特定するためである。

　抵当権は担保すべき債権に対する付従性を有するので、抵当権設定登記の申請情報には、被担保債権の発生原因たる債権契約、その日付および抵当権設定契約の日付を記録しなければならない（不登令別表55項申請情報欄、昭30・12・23民甲2747）。登記記録には、これらが登記原因および日付として記録される（不登59三）。

2　登記することができる登記原因の例

　登記することができる抵当権設定登記の主な登記原因には、次のものがある。

第1章 第2 抵当権設定登記の登記原因・その日付　　13

	登 記 原 因	根 拠 等
1	金銭消費貸借契約による債権の担保 「年月日金銭消費貸借同日設定」 「年月日金銭消費貸借年月日設定」	記録例360、記録例364
2	債権額の一部の担保(1) 　(例)　債権額1億円のうちの5,000万円の 　　　設定 　　　　　「年月日金銭消費貸借金1億円の 　　　　　うち金5,000万円同日設定」	記録例371
3	債権額の一部の担保(2) 　(例)　抵当権設定契約後、その設定の登 　　　記前に債権額の一部について弁済が 　　　あり、現存する債権額についての設 　　　定 　　　　　「年月日金銭消費貸借年月日設定」	昭34・5・6民甲900、登 研430・175 一部弁済の記載は不要 で、現存債権額を登記 する。Q10参照
4	債権額の一部の担保(3) 　(例)　債権者A・債務者B間の債務4億 　　　5,000万円のうち、1億円をCが免責 　　　的に引き受けた場合 　　　　　「年月日〔A・B間の金銭消費貸 　　　　　借契約日〕金4億5,000万円のう 　　　　　ち一部免責的債務引受による債 　　　　　務年月日設定〔B・C間の抵当 　　　　　権設定契約日〕」	登研234・70
5	数個の債権の担保 債権者（抵当権者）が複数	Q14参照 Q15参照

6	分割貸付契約締結後、抵当権設定登記前に変更契約により債権額を減少した場合 「年月日金銭消費貸借年月日設定」	登記原因証書の理論と実務229頁・230頁。変更後の債権額で設定登記ができる。変更契約日は明示不要。
7	保証委託による求償債権① 　1個の保証委託契約により1個の保証契約がされ、求償債権のみを担保する場合 「年月日保証委託契約による求償債権年月日設定」	昭48・11・1民三8118、登研345・79 Q19参照
8	保証委託による求償債権② 　保証委託契約に基づき、求償債権と保証料債権とを担保する場合 「年月日保証委託契約年月日設定」	登先316・96 この登記原因により、求償債権、保証料債権とも担保される。
9	保証委託による求償債権③ 　抵当権設定証書に「年月日債務保証委託契約に基づき負担すべき求償債権その他一切の債権を担保する」旨の記載がある場合 　保証料債権および求償債権を併せて担保する場合の例により「年月日保証委託契約年月日設定」	登研411・85
10	保証委託による求償債権④ 　包括的な保証委託契約により、具体的な個々の事案について数個の保証契約が締結され、その1つについて保証契約に係る求償債権を担保する場合 　（例）　主債務発生前に住宅ローンの保証	昭48・12・27民三9245、登先152・24

	契約が一括的に締結された後、金銭消費貸借契約が締結され同時に抵当権設定契約がなされた場合 「年月日住宅ローン保証契約による求償債権年月日設定」	
11	代位弁済者の求償債権の担保 　金銭消費貸借契約上の債務をＣが代位弁済した場合のＣの求償債権の担保 「年月日金銭消費貸借に基づく求償債権年月日設定」	登研424・221
12	保証人の保証債務を担保する場合 「年月日保証契約年月日設定」 （参考）　保証人の主債務者に対する求償債権を担保するのではなく、債権者と保証人との間の保証契約に基づく債務を担保するものである。	登研441・116
13	債務承認契約による債権の担保設定 「年月日債務承認契約同日設定」 （参考）　債務承認契約により残存債務額を確定させ（確定外の債務は免除する趣旨のものが多い）新たに遅延損害金の約定をするなど、準消費貸借又は更改に類似した一種の無名契約を締結したものとみるべき場合もある。このような場合には、原契約とは別個の新たな債務を発生させる債権契約がされたと解することができるので、「債務承認」とする設定登記を申請できる（不動産登記先例解説総覧　追加編Ⅰ149頁）。	昭58・7・6民三3810 単に既存の債務を承認し弁済方法を定める契約であれば、「債務承認」とする設定登記はできない。

14	更改契約により発生した新債権を担保 「年月日債務更改契約の年月日設定」	昭41・8・3民甲2368
15	建物賃貸借上の保証金返還請求権の担保 （例）　建物賃貸借契約に契約終了・解約 　　　の場合、保証金は返済するとある場 　　　合 　　　　「年月日賃貸借契約の保証金返還 　　　　債権年月日設定」	昭51・10・15民三5414
16	売買代金の担保 「年月日売買代金の年月日設定」	登研436・103
17	不動産給付後の残代金の担保 「年月日土地（建物）給付による残代金 年月日設定」	昭41・4・6民三343
18	賠償額の予定（民420）を定めた場合の予定 契約賠償請求権の担保 「年月日損害賠償額の予定契約年月日設 定」	昭60・8・26民三5262
19	リース代金の担保 「年月日リース契約年月日設定」	登研454・130
20	協議離婚による養育費及び慰謝料債権の担 保 「年月日養育費、慰謝料債権年月日設定」	登研355・89
	交通事故による損害賠償金の担保	登研355・89

21	「年月日損害賠償債権年月日設定」 （参考）　上記の損害賠償債権には、精神的苦痛に対する慰謝料のほかに被害者が治療に要した費用も現実的損害として、当然に含まれる（不動産登記実務の視点Ⅲ222頁）。	
22	和解契約書において新たな債権として債務承認がされている場合 　　「年月日債務承認年月日設定」	登研498・141
23	既存の債務を消費貸借の目的とし、その準消費貸借により発生した債権の担保 　　「年月日準消費貸借年月日設定」	登研450・125
24	立替金等を担保する目的 　　「年月日立替金等返還契約年月日設定」	昭49・1・10民三257
25	限度貸付契約に基づく債権の担保	Q13参照
26	分割貸付契約に基づく債権の担保	Q13参照
27	物の引渡債権の担保 　（例）　石炭売買による引渡債権 　　「年月日石炭売買の引渡債権年月日設定」	記録例375
28	請負契約に基づく請負代金債権の担保 　　「年月日請負契約代金債権年月日設定」	昭44・8・15民三675

3 登記できない登記原因と登記できる登記原因の比較

(1) 債務弁済契約

昭和39年6月15日金銭消費貸借契約により、BがAに対し負担する債務を以下の条件（省略）で弁済する旨および抵当権設定登記をする旨の「債務弁済抵当権設定契約公正証書」に基づく抵当権設定登記の登記原因は、「昭和年月日債務弁済昭和年月日設定」ではなく、「昭和39年6月15日金銭消費貸借昭和年月日設定」である（昭40・4・14民甲851）。

本件の場合は、債務弁済契約により抵当権の被担保債権が発生したものではないので、債務を弁済すべきこととなった債権契約を表示する必要がある。

(2) 債務承認契約

登記原因を「年月日債務承認契約同日設定」とする抵当権設定登記の申請は、この債務承認契約が単に既存の債務を承認し、その弁済方法を定めたものではなく、新たな債権契約と認められる場合には、受理して差し支えない、とされている（昭58・7・6民三3810）。

本件の先例事案は、後掲契約書のとおりである。この事案では、単に既存の債務を承認し、その弁済方法を定めるといった場合とは異なり、原契約たる「船舶用無線機器等の売買契約」に基づいて生じた債務について、「債務承認契約」により現存債務を確定し、当該債務につきその支払方法および新たに遅延損害金の約定をするなど、当該債務承認契約上の債権を被担保債権として抵当権設定契約が締結されたものであり、その債務承認契約は、原契約とは別個の新たな債権契約であると解することができるとされた（不動産登記先例解説総覧　追加編Ⅰ149頁）。

なお、抵当権の被担保債権の発生原因について、昭和36年2月20日民三187号は、被担保債権の表示として「年月日債務承認契約同日設定」としたのでは登記できないとしている。これについては、被担保債権の発生原因たる債権契約・その日付を記載すべきという考えがある。しかし、「現在では発生原因というよりか、もう少し進んで債権を特定

第1章　第2　抵当権設定登記の登記原因・その日付　　19

する原因、特定できる原因であれば、それを表示すれば足りる、とい
う考え方になってきている（略）、被担保債権というものに対する考え
方がだんだん変わってきた」という考えがある（昭58・7・6民三3810の解
説（登先266・6以下））。

〔本件昭58・7・6民三3810先例事案の契約書〕
（甲＝債務者、乙＝債権者、丙＝担保提供者）

債務承認ならびに抵当権設定契約書

　Ｉ電機株式会社（以下「甲」という。）と連帯保証人兼担保提供者Ａ
（以下「丙」という。）およびＴ電気株式会社（以下「乙」という。）
とは、甲が乙に対して負担する債務に関して次のとおり契約する。

第1条　甲は、甲・乙間の船舶用無線機器等の売買契約に基づき乙に対
　　　して昭和57年8月1日現在負担する債務（以下「本債務」という。）は、
　　　金○○万円であることを承認する。

第2条　甲は本債務を次のとおり分割して各期日までに乙に支払う。

弁済期日	金額
昭和57年8月31日	金○万円
昭和57年9月30日	金○万円
昭和57年10月30日	金○万円
昭和57年11月30日	金○万円

第3条　甲は、前条の弁済を履行しなかった場合並びに第8条に基づき
　　　残額全部を一時に支払うべきときは元金に対し日歩2銭5厘の割合に
　　　よる遅延損害金を乙に支払う。

第4条　甲及び丙は本債務を担保するため、後記物件（以下「担保物件」
　　　という。）に乙のために債権額金○○万円の抵当権を設定した。

　　（省略）

　　　甲および丙は乙のために本契約締結と同時に担保物件につき、前
　　項の抵当権設定登記を行なう。

第5条以下省略

　昭和57年10月15日

新債権法への対応

〔要物契約・諾成契約の方法による金銭消費貸借契約〕

> **Q6 要物契約・諾成契約**
>
> 改正民法で消費貸借契約は、どのように変わったのか。

A　改正前の民法が定める消費貸借契約は要物契約のみであったが、改正後の民法は、要物契約を存続させたうえで、書面等による諾成契約の規律を新設した。

解　説

1　要物契約・諾成契約

(1)　要物契約

　要物契約とは、契約の成立に当事者の合意のほか、物の給付を必要とする契約をいう。改正前の民法（平成29年法律44号が平成32年4月1日に施行される前の民法をいう）587条は「消費貸借は、当事者の一方が種類、品質及び数量の同じ物をもって返還をすることを約して相手方から金銭その他の物を受け取ることによって、その効力を生ずる。」と定めている（下線は筆者）。改正前の民法587条は、消費貸借契約を書面ですることは求めていない。

　例えば、AからBが1,000万円の金銭を借り受ける場合、BがAに1,000万円の金銭の返還をすることを約し、BがAから1,000万円の金銭の給付を受けることにより、金銭消費貸借契約が成立する（民587）。しかし、金融取引の実際は、金銭の給付前に金銭消費貸借公正証書や抵当権設定登記をする例があり、金銭給付前の公正証書や抵当権設定登記の有効性が問題となるが、判例は、金銭給付前の公正証書や抵当権設定登記の有効性を認め要物性を緩和する傾向にある（大決昭8・3・6民集12・325、大判大2・5・8民録19・312）。

(2) 諾成契約

諾成契約とは、要物契約に対するものであり、当事者の合意だけで契約が成立する（例：売買契約は諾成契約である（民555））。最高裁昭和48年3月16日判決（金法683号25頁）は、無名契約としての諾成的消費貸借契約を認めている。なお、改正後の民法587条の2は、書面でする消費貸借を定めている。

2　改正後の民法における消費貸借契約

改正後の民法は、消費貸借を次の二本立てとした。①要物契約としての消費貸借については、改正前の民法587条と変わらず、物の給付があった時に消費貸借契約が成立する（改正民587）。これとは別に、②諾成的な消費貸借については、軽率さに出た消費貸借契約の締結を防ぐため（民法改正法案の概要251頁）、書面または電磁的記録（以下「書面等」という）でしなければならないものとし、当事者の一方が金銭その他の物を引き渡すことを約し、相手方がその受け取った物と種類、品質および数量の同じ物をもって返還をすることを約することによって、その効力を生ずる、とする条文を創設した（改正民587の2）。

〔改正消費貸借の比較〕

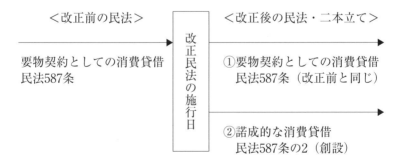

書面等でする消費貸借の借主は、貸主から金銭その他の物を受け取るまで、契約の解除をすることができる。この場合において、貸主は、その契約の解除によって損害を受けたときは、借主に対し、その賠償を請求することができる（改正民587の2②④）。

22　第1章　第2　抵当権設定登記の登記原因・その日付

新債権法への対応

〔金銭消費貸借契約と抵当権設定登記〕

Q7　抵当権設定登記の登記原因証明情報

諸成的な消費貸借の条文が創設されたことにより、抵当権設定登記の登記原因証明情報の記載はどのように変わるのか。

A　　民法の改正後においては、要物契約としての金銭消費貸借契約と諸成契約としての金銭消費貸借契約が併存するので、諸成契約としての金銭消費貸借契約による場合は、金銭消費貸借契約が書面で作成されていることを登記原因証明情報に記載しなければならない。

解　　説

1　要物契約としての金銭消費貸借契約と登記原因証明情報

民法の改正後においては、民法の改正前と同じ取扱いの要物契約としての消費貸借（改正民587）と、諸成的な消費貸借（改正民587の2）とが併存するため、抵当権設定登記の登記原因証明情報に記載する消費貸借契約成立の日が問題となる。以下、消費貸借契約は、金銭消費貸借契約を例とする。

改正前の民法587条で定める要物契約としての金銭消費貸借契約に基づく抵当権設定登記の登記原因証明情報では、①「平成〇年〇月〇日貸主は借主に対し金銭を貸し渡し、借主はこれを受け取った」、②この債権を担保するために「平成〇年〇月〇日抵当権を設定した」ということが示されていなければならない。改正前の民法下では、前掲①および②の表現で登記原因証明情報を提供していた。

「平成〇年〇月〇日金銭を貸し渡すことを約した」では、要物契約

第1章　第2　抵当権設定登記の登記原因・その日付　　23

の効力が発生していない。要物契約としての金銭消費貸借契約では、金銭の給付があった時に、金銭消費貸借契約が成立する（改正前民法587条と改正後民法587条は同一条文である）。

〔登記原因証明情報例～要物契約としての金銭消費貸借契約〕

　要物契約としての金銭消費貸借契約および抵当権設定契約が成立した場合の例であるが、改正前の民法、改正後の民法のいずれの場合も同じ様式である。貸主から借主に金銭を貸し渡した日（改正民法施行日〔平成32年4月1日〕以後の日）が金銭消費貸借日であり、貸主と抵当権設定者が抵当権設定登記をすることを合意した日が設定日である。

登記原因証明情報

1　登記申請情報の要項
　(1)　登記の目的　抵当権設定
　(2)　登記の原因　平成○年○月○日金銭消費貸借同日設定
　(3)　当　事　者　抵当権者　　住所　A
　　　　　　　　　　設 定 者　　住所　B
　(4)　不動産の表示（省略）
2　登記の原因となる事実又は法律行為
　(1)　A及びBは、平成○年○月○日、次のとおり金銭消費貸借契約を締結し、同日、Aは下記の額の金銭全額をBに貸し渡し、Bはこれを借り受けた。
　　　　債権額　金○万円
　　　　利　息　年○％
　　　　損害金　年○％
　　　　債務者　○市○町○丁目○番地　B
　(2)　A及びBは、平成○年○月○日、前掲(1)の契約に基づく債権を担保するために、Aを抵当権者としてB所有の本件不動産の上に抵当権を設定することを合意し、抵当権を設定した。

---

24 第1章 第2 抵当権設定登記の登記原因・その日付

2 諾成契約としての金銭消費貸借契約と登記原因証明情報

　改正後の民法の施行（平成32年4月1日施行）後においては、諾成契約としての金銭消費貸借契約を締結する場合は、必ず金銭消費貸借契約を書面等によってしなければならない（改正民587の2①④）が、貸主から借主への金銭の貸し渡し、借主の借り受けたという事実は、金銭消費貸借契約の成立要件ではない。

〔登記原因証明情報例～書面による諾成契約としての金銭消費貸借契約〕

　平成〇年〇月〇日（改正民法施行日〔平成32年4月1日〕以後の日）に、貸主と借主との間で書面により諾成契約としての金銭消費貸借契約および抵当権設定契約が成立した場合の例である。本例では、金銭の貸渡日は前掲の平成〇年〇月〇日以後である。

　抵当権設定日は、前掲の平成〇年〇月〇日以後に、貸主と抵当権設定者とが本件不動産に抵当権設定登記をすることを合意した日である。

登記原因証明情報

1　登記申請情報の要項
　(1)　登記の目的　抵当権設定
　(2)　登記の原因　平成〇年〇月〇日金銭消費貸借同日設定
　(3)　当　事　者　抵当権者　　住所　A
　　　　　　　　　　設定者　　　住所　B
　(4)　不動産の表示（省略）
2　登記の原因となる事実又は法律行為
　(1)　A及びBは、平成〇年〇月〇日、書面により、次のとおり金銭
　　　消費貸借契約を締結した。
　　　　債権額　金〇万円
　　　　利　息　年〇%
　　　　損害金　年〇%
　　　　債務者　〇市〇町〇丁目〇番地　B
　(2)　A及びBは、平成〇年〇月〇日、前掲(1)の契約に基づく債権
　　　を担保するために、Aを抵当権者としてB所有の本件不動産の上
　　　に抵当権を設定することを合意し、抵当権を設定した。

第3 抵当権設定の登記事項

1 登記事項

Q8 設定の登記事項

抵当権設定登記の登記事項は何か。

A　抵当権設定登記の登記事項は、債権額、債務者などの事項である。

解　説

不動産登記法59条で定める登記原因・その日付等の一般的な登記事項のほか、抵当権設定登記に特有な登記事項は次のものである（不登83①・88①）。

① 債権額（一定の金額を目的としない債権については、その価額）

② 債務者の氏名または名称および住所

③ 所有権以外の権利を目的とするときは、その目的となる権利

④ 2以上の不動産に関する権利を目的とするときは、当該2以上の不動産および当該権利

⑤ 外国通貨で①の債権額を指定した債権を担保する抵当権の登記にあっては、本邦通貨で表示した担保限度額

⑥ 利息に関する定めがあるときは、その定め

⑦ 民法375条2項に規定する損害の賠償額の定めがあるときは、その定め

⑧ 債権に付した条件があるときは、その条件

⑨ 民法370条ただし書の別段の定め（抵当権の効力の及ぶ範囲を設定行為で別段の定めをした場合）があるときは、その定め

⑩　抵当証券発行の定めがあるときは、その定め

⑪　⑩の定めがある場合において、元本または利息の弁済期または支払場所の定めがあるときは、その定め

Q9　共同担保

2以上の不動産を目的として抵当権を設定する場合は、共同担保となるか。

A　　1個の債権を担保するために2個以上の不動産に抵当権を設定する場合は、共同担保になる。

解　説

1個の債権を担保するために2個以上の土地、建物、地上権、工場財団等を抵当権の目的とすることができる。この場合は、共同担保となる。

抵当権の場合は、1個の債権を担保するために2個以上の土地等を担保として設定登記するときは、申請人が特に共同担保である旨を申請情報に記録しなくても、当然に共同担保として登記され（不登83②）、民法392条［共同抵当における代価の配当］および393条［共同抵当における代位の付記登記］の規定が適用される。

これに対して根抵当権の場合は、1個の債権を担保するために2個以上の土地等を担保として設定登記するときは、根抵当権者と根抵当権設定者とが特に共同担保である旨を約定し、共同担保である旨の登記がされた場合に限って、民法392条および393条の規定が適用される（民398の16、不登83②）。

第1章　第3　抵当権設定の登記事項　　27

2　債権額

> Q10　設定登記前の一部弁済
>
> 　抵当権設定契約後、抵当権設定登記をする前に債権額が一部弁
> 済された場合、現存債権額で抵当権設定登記をすることができる
> か。

A　　　当初の債権額または現存債権額のいずれでも設定登記がで
　　　　きる。現存債権額で設定登記を申請する場合の登記原因は
「平成○年○月○日金銭消費貸借平成○年○月○日設定」であり、
債権額は現存債権額のみの表示でよい。

解　　説

1　債権額の登記

　抵当権設定契約後、抵当権設定登記をする前に債権額の一部が弁済
された場合、抵当権設定登記の申請で債権額を登記する方法には次の
2つがある。

(1)　当初の債権額で抵当権の設定登記をする方法

　金銭消費貸借契約上の債権（例えば、3,000万円）を担保するために
抵当権設定契約を締結したが、その登記を申請する前に債権額の一部
（例えば、1,000万円）が弁済されたとしても、当該金銭消費貸借契約
書・抵当権設定契約書（債権額3,000万円と表示）を使用して、当初の
債権全額3,000万円を債権額として抵当権設定登記を申請することが
できる（不動産登記実務総覧（上）358頁）。

　登記権利者が当初の債権額で登記をしたいのであれば、登記義務者

は当初の債権額についての抵当権の登記義務を負う（登先67・68）。当初の債権額で登記をしても、抵当権の優先配当は現存債権にほかならない。

（2）　現存債権額で抵当権の設定登記をする方法

債権額3,000万円のうち1,000万円を一部弁済した後に現存債権額2,000万円を抵当権の債権額として、抵当権設定登記を申請することもできる（昭34・5・6民甲900）。ただし、当初の金銭消費貸借契約書・抵当権設定契約書（債権額3,000万円）を使用して債権額2,000万円の抵当権設定登記を申請するについては、下記登記原因証明情報に1,000万円が弁済された旨の奥書をするか、弁済証書を別途提供しなければならない。

2　現存債権額を登記する場合の登記原因証明情報

（1）　登記原因証明情報

抵当権の債権額を、一部弁済後の現存債権額2,000万円で抵当権設定登記を申請する場合、登記原因証明情報としての要件は次のとおりである。

①　現存債権額2,000万円は、抵当権設定契約における当初債権額3,000万円の一部であることを証する情報であること。

②　抵当権設定契約書に、一部弁済証書が合綴されているか、あるいは、1,000万円が弁済された旨の奥書があり、この部分に債権者の記名押印があること（昭34・5・6民甲900）。

③　金銭消費貸借契約後に債権の一部弁済があり、次のような登記原因証明情報を提供する場合は、一部弁済証書を合綴することも、債権者の記名押印も不要である（登研430・175）。

第1章　第3　抵当権設定の登記事項　　　29

（ケース1）

抵当権設定契約証書

平成30年3月7日

住所
抵当権者　A　殿

　　　　　　住所
　　　　　　債務者・抵当権設定者　氏名　B　㊞

　抵当権設定者は、平成29年4月6日付金銭消費貸借に基づく債務を担保する為、次の要領による抵当権を設定しました。
1.　債権額　金3,000万円（現存債権額金2,000万円）
　（以下省略）

（ケース2）

抵当権設定契約証書

平成30年3月7日

住所
抵当権者　A　殿

　　　　　　住所
　　　　　　債務者・抵当権設定者　氏名　B　㊞

　抵当権設定者は、平成29年4月6日付金銭消費貸借に基づく債務を担保する為、次の要領による抵当権を設定しました。
1.　債権額　金2,000万円（当初債権額金3,000万円）
　（以下省略）

30　　第1章　第3　抵当権設定の登記事項

(2)　一部弁済と抵当権設定登記の登記原因

　金銭消費貸借契約の成立後に債権の一部弁済があり、現存債権額について前掲(1)③の（ケース1）または（ケース2）のいずれかの抵当権設定契約証書を登記原因証明情報として抵当権設定登記の申請をする場合には、その登記原因は「平成29年4月6日金銭消費貸借平成30年3月7日設定」であり、債権額は現存債権額（金2,000万円）のみの表示でよい。一部弁済があった旨の記載は不要である（昭34・5・6民甲900）。

> Q11　債権額の一部の担保
>
> 　債権額1億円のうちの5,000万円を担保するために抵当権を設定し、その設定登記をすることができるか。

　A　　債権の一部のみを担保するために抵当権設定登記をすることができる。この場合は、登記原因で債権の一部の担保であることを表示しなければならない。

―――
| 解　説 |
―――

1　債権の一部を担保する抵当権

　抵当権は常に債権の全額を担保させることを要するものではなく、抵当権者と抵当権設定者との合意で、債権の一部について抵当権を設定して優先弁済権を与えることができ、債権の一部を担保するための抵当権設定登記をすることができる。

　例えば、債権額1億円のうちの一部である5,000万円を担保するために抵当権設定登記の申請をする場合には、この5,000万円が1億円の債権の一部であることを登記原因として表示しなければならない（昭30・

第1章　第3　抵当権設定の登記事項　　31

4・8民甲683)。この場合の抵当権設定登記における登記の目的・登記原因・債権額の表示は、次のようになる（記録例371参照）。

登記の目的　　抵当権設定
原　　　因　　平成○年○月○日金銭消費貸借金1億円のうち金5,000
　　　　　　　万円同日設定
債　権　額　　金5,000万円
（以下省略）

2　債権の一部弁済があった場合

　債権額1億円のうち5,000万円を担保するために抵当権設定登記をした後に2,000万円の弁済があった場合には、当該抵当権は3,000万円（5,000万円－2,000万円）を担保するのか、という問題がある。しかし、登記されている5,000万円は1億円のうちのどの部分であるか特定されていないので、依然として5,000万円が担保されていることになる。別段の定めがある場合は、その定めによる（昭30・4・8民甲683)。

3　登記原因証明情報

　債権額の一部を担保させるための抵当権設定登記の登記原因証明情報は、本例でいえば、債権額1億円のうちの5,000万円の抵当権設定であることが分かる情報でなければならない。例えば、債権額1億円のうちの5,000万円を担保するために抵当権を設定する旨の抵当権設定契約書がこれに該当する。

Q12 追加設定における債権額

抵当権の追加設定契約書に、債権額金500万円（現在額金462万円）とある場合、いずれを債権額として登記すべきか。

A 当初の債権額、または現在額のいずれでも登記できる。

解 説

Q41参照。

Q13 分割貸付・限度貸付

一定金額を数回に分けて貸し付ける場合、分割貸付または限度貸付を原因とする抵当権を設定することができるか。

A 分割貸付、限度貸付を原因とする抵当権を設定することができる。

解 説

1 分割貸付

(1) 分割貸付の登記原因

分割貸付とは、債務者が一度に融資金を必要としない場合において、貸付金額の総額が確定し、これを数回に分けて貸し付ける契約をいう。例えば、債権者と債務者との間で貸付金額の総額を3,000万円と定めて、1,000万円ずつ3回に分割して貸し付ける契約形態をいう。債権者は、契約金額（本例では3,000万円）までの貸付義務を負う。分割貸付契約は債権額が特定しているので、抵当権設定登記をすることができる。

第1章　第3　抵当権設定の登記事項　　33

　分割貸付契約による抵当権設定登記の登記原因は「年月日分割貸付
年月日設定」である。登記する債権額は、分割貸付の累計額となる。
なお、分割貸付の場合に、抵当権設定登記の原因が「年月日金銭消費
貸借年月日設定」とされていても、その抵当権登記は有効と解されて
いる（不動産登記実務総覧（上）339頁）。

（2）　分割貸付後の債権額の減額

　抵当権設定登記後に貸付額が変更された場合には、変更登記をする
ことができる（昭26・3・8民甲463）。

　分割貸付後、抵当権設定登記前に債権額（貸付額）を減額したとき
は、登記原因を「平成○年○月○日分割貸付平成○年○月○日設定」
とし、債権額の変更契約をした日を表示することは要しない（登先84・
110、登記原因証書の理論と実務229頁）。

2　限度貸付

　限度貸付とは、最終的に必要となる借入額が確定していない場合に、
貸付額の上限として予想される金額を契約金額（貸付限度額）として
定め、数回に分けて貸し付ける契約形態をいう。限度貸付の場合、金
融市場の事情によっては、債権者は必ずしも貸付限度額までの融資義
務を負わないこともありうる（不動産登記研修講座171頁）。

　限度貸付は、限度貸付契約に基づき将来発生する特定債権が債権者
と債務者との間に存在する被担保債権であるから、抵当権を設定する
ことができる。限度貸付契約による抵当権設定登記の登記原因は「年
月日限度貸付年月日設定」である（記録例374）。登記する債権額は、貸
付限度額を記録する（不動産登記研修講座171頁）。

34　　　第1章　第3　抵当権設定の登記事項

Q14　数個の債権の担保

　債権者（抵当権者）が1人で、債務者が1人または複数の場合に、数個の債権を1個の抵当権で担保できるか。

A　　債権者（抵当権者）が同一であれば、債務者および債権が複数であっても、1個の抵当権で担保できる。例えば、AがBとCにそれぞれ金銭債権を有する場合に、BとCの各債務を担保するために1個の抵当権を設定することができる。この場合、債権を特定するために、それぞれの債権ごとに(あ)(い)等の符号を付けて表示する。

解　説

1　債務者が1人で数個の債権を担保

　債権者（抵当権者）Aが債務者Bに対して有する数個の債権を、1個の抵当権で担保することができる。各債権の利息は異なっていてもさしつかえない（昭45・4・27民三394）。損害金についても同様である（不動産登記研修講座170頁）。

＜利息・損害金が同一の場合（記録例372参照）＞

1	抵当権設定	平成○年○月○日第○号	原因　　(あ)平成○年○月○日 　　　　金銭消費貸借 　　　　(い)平成○年○月○日 　　　　金銭消費貸借 　　　　平成○年○月○日設定 債権額　金1,500万円 　内訳　(あ)金500万円 　　　　(い)金1,000万円 利息　年○% 損害金　年○% 債務者　○市○町○番地 　　　　B 抵当権者　○市○町○番地 　　　　A

第1章　第3　抵当権設定の登記事項　　35

＜利息を異にする場合（記録例373参照）＞

| 1 | 抵当権設定 | 平成○年○月○日
第○号 | 原因　（あ）平成○年○月○日
　　　　金銭消費貸借
　　　（い）同日金銭消費貸借
　　　（う）同日金銭消費貸借
　　　同日設定
債権額　金6,000万円
　内訳　（あ）金3,000万円
　　　　（い）金2,000万円
　　　　（う）金1,000万円
利息　（あ）年8・2％
　　　（い）年7・7％
　　　（う）年6・5％
損害金　年14・5％
債務者　○市○町○番地
　　　B
抵当権者　○市○町○番地
　　　A |

2　債務者が2人で各別の債務を担保

　各債務者についての債権者（抵当権者）が同一であれば、異なる債務を1個の抵当権で担保することができる。この場合には、債務者別に原因、債権額を表示しなければならない。

＜債務者2人で各別の債務を担保する場合（記録例370参照）＞

| 1 | 抵当権設定 | 平成○年○月○日
第○号 | 原因　（あ）平成○年○月○日
　　　　金銭消費貸借
　　　（い）平成○年○月○日
　　　　金銭消費貸借
　　　平成○年○月○日設定
債権額　金1,000万円
　内訳　（あ）金600万円
　　　　（い）金400万円 |

			利息　年○%
			損害金　年○%
			債務者
			（あ）○市○町○番地
			B
			（い）○市○町○番地
			C
			抵当権者　　○市○町○番地
			A

Q15　債権者が複数

　債権者AとBとが債務者Cに対して各別に債権を有する場合に、1個の抵当権で債務者の債務を担保できるか。

A　　1個の抵当権は設定することができない。もっとも、Cに対する債権を債権者AとBとが準共有する場合には、1個の抵当権を設定することができる。

解　説

1　債権者を異にする抵当権の設定の可否

　抵当権は特定の債権を担保するために設定される担保物権であり、抵当権者となることができる者は、自己が有する債権についてのみ抵当権を取得することができる（付従性）。他人の債権について、自己が抵当権者として抵当権を取得することはあり得ない（図1）。

　したがって、債権者を異にする数個の債権を担保するための1個の抵当権設定登記の申請は受理されない（昭35・12・27民甲3280）。

第1章 第3 抵当権設定の登記事項　　　37

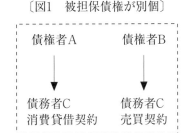

〔図1　被担保債権が別個〕

債権者AとBとでは被担保債権が異なるから抵当権の付従性がなく、1個の抵当権を設定することはできない。

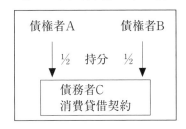

〔図2　被担保債権を準共有〕

債権者AとBとで被担保債権を準共有しているから、1個の抵当権を設定できる。

2　債権者による債権の準共有

　準共有とは、数人で所有権以外の財産権を有する場合をいう（民264）。債務者Cに対する債権を債権者AとBとが準共有する場合には、他人の債権について抵当権を取得するという関係にはならないので、債権者AとBとが抵当権者として、債務者Cに対する債権を1個の抵当権で担保することができる（前掲1の図2）。

　登記権利者（本件では抵当権者）が2人以上の場合には、申請情報には共有者（準共有者）の持分を記録しなければならない（不登18・59四、不登令3九）。なお、抵当権に関する登記にあっては、準共有の持分は、債権額の割合をもって表示してもさしつかえない（昭35・3・31民甲712）。

＜債権者（抵当権者）が数人の場合（記録例368参照）＞

1	抵当権設定	平成○年○月○日第○号	原因　平成○年○月○日金銭消費貸借同日設定 債権額　金○万円 利息　年○％

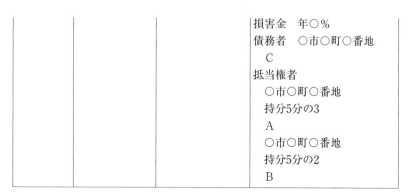

〔参考〕 共有根抵当権（根抵当権者が2人以上）の設定登記については、持分の記載を要しない（記録例474、昭46・10・4民甲3230）。

Q16 金銭債権を目的としない債権

一定の量の石炭の引渡しを担保するために抵当権を設定することができるか。

A　抵当権は、一定の金額の支払を目的としない債権を担保するためにも設定することができる。

解　説

1　一定の金額の支払を目的としない債権の担保

抵当権によって担保される債権は、必ずしも金銭債権に限られるものではなく、一定の金額の支払を目的としない特定物の引渡請求権を担保するためにも設定できる。例えば、買い受けた商品（石炭、木材等）の引渡請求権を担保するために、抵当権の設定登記をすることができる。

特定物の引渡請求権を担保するために抵当権を設定登記するときは、債権額の代わりに債権価格を登記しなければならない（不登83①一、記録例375）。

第1章　第3　抵当権設定の登記事項　　　39

＜一定の金額の支払を目的としない債権を担保する場合（記録例375参
　照）＞

1	抵当権設定	平成○年○月○日第○号	原因　平成○年○月○日石炭売買の引渡債権同日設定 債権価格　石炭○トン　価格金○万円 損害金　年○％ 債務者　○市○町○番地 　　B 抵当権者　○市○町○番地 　株式会社A

2　債権価格

　一定の金額の支払を目的としない債権（石炭、木材等の引渡請求権）
を担保するために抵当権を設定するときは、その債権（買受債権）の
設定登記申請時の価格を申請情報に記録する。この価格は当事者の合
意による価格でも差し支えない。記録する「価格」は、記録した債権
が債務不履行により損害賠償債権として転化した金銭債権についての
優先弁済を受ける限度額のことをいい、抵当権設定契約において定め
る。

Q17　外貨表示の債権

　外国の通貨をもって債権額を指定した債権を担保する抵当権設
定登記は申請することができるか。

A　　外国通貨で抵当権の債権額を定めることはできるが、この
　　　場合には本邦通貨換算額で定めた「担保限度額」も登記しな
ければならない。

40　　第1章　第3　抵当権設定の登記事項

```
　解　　説
```

1　外国通貨による債権額と抵当権設定登記

　外国通貨（米ドル、ユーロ等）で債権額を登記することができる。外国通貨で債権額を指定した債権を担保する抵当権では、外貨表示の債権額のほか、本邦通貨で表示した担保限度額をも併せて登記することを要する（不登83①五）。

＜外貨表示の債権を担保する場合（記録例376参照）＞

1	抵当権設定	平成○年○月○日第○号	原因　平成○年○月○日金銭消費貸借同日設定 債権額　米貨金○万ドル 担保限度額　金○万円 利息　年○％ 損害金　年○％ 債務者　○市○町○番地 　　B 抵当権者　○市○町○番地 　　株式会社A

2　担保限度額

　抵当権の優先弁済額を表す債権額を外国通貨で定めた場合、為替レートは毎日変動するために、抵当権設定契約時に定めた債権額と抵当権実行による配当時の債権額とが必ずしも同額になるとは限らない。競売による優先弁済額は本邦通貨の額になることから、日々変動する為替レートによる変動を一定限度の枠として捉えて、その上限額を本邦通貨の額で定めることを担保限度額という（根抵当権の極度額のような概念である）。

　この担保限度額は、必ずしも登記申請当時の為替相場による本邦通

第1章　第3　抵当権設定の登記事項　　41

貨換算額であることを要せず、当事者の合意によって自由に定めた額
で差し支えないが（昭35・3・31民甲712）、抵当権設定契約において約定
しなければならない。

　この担保限度額については、民法に規定がなく、不動産登記法では
単に登記事項としてのみ法文化されて（不登83①五）明確な定義・規定
がないことから、優先弁済の範囲について見解が分かれている。担保
限度額の範囲内であれば、元本のほか利息・損害金のすべてについて
優先弁済を受けることができるとする見解と、元本と最後の2年分の
利息および損害金が優先弁済を受ける範囲であるとする見解とがある
（新基本法コンメンタール　不動産登記法248頁〔千葉和信〕、登先265・79）。

Q18　外貨と円貨による債権額

　一個の金銭消費貸借契約に基づき外貨（米ドル）と円貨とで指
定した貸付けをした場合、どのように登記をすべきか。

A　　　外貨による債権額と円貨による債権額とを登記する。

解　　説

1　債権額

　1個の金銭消費貸借契約に基づき外貨と円貨を同時に貸し出した場
合には、債権額を外貨と円貨とで登記することができる（昭49・12・27
民三6679）。外国通貨で債権額を指定した債権を担保する抵当権では、
外貨表示の債権額のほか、円貨で表示した担保限度額をも併せて登記
することを要する（不登83①五、Q17 1の記録例376参照）。

＜平28・6・8民二386による記録例としては提示されていないが、1個の金銭消費貸借契約に基づく債権額を外貨と円貨とで表示する場合の例を掲げる（記録例については、昭49・12・27民三6679参照）＞

1	抵当権設定	平成○年○月○日第○号	原因　平成○年○月○日金銭消費貸借同日設定 債権額　1.米貨金○万ドル 　　　　　担保限度額　金○万円 　　　　2.金○万円 利息　円貨について年○％ 損害金　円貨について年○％ 債務者　○市○町○丁目○番○号 　　　　A 抵当権者　○市○町○丁目○番○号 　　　　　株式会社△銀行

〔参考〕　債権額のうち、外貨については担保限度額も表示する（記録例376）。

2　利　息

　1に記載した昭49・12・27民三6679先例に係る照会の設定契約における利息は、「米ドルについては年ユーロダラー6か月ものレートプラス○％」「円貨については年○％」と定められているが、照会に係る抵当権設定の申請情報の利息の記載には米ドルについての利息の記載がなく、円貨についてのみ「利息　円貨について年○％」と記載されており、回答者は「貴見のとおり」としている。

　利息の照会について、照会者は、「担保限度額」の中に利息も含めているのであえて照会しなかったのか、あるいは「プラス○％」は確定できるが、「ユーロダラー6か月ものレート」とする定めは不明確であ

第1章　第3　抵当権設定の登記事項　　　43

るため登記することができないものとして、あえて照会しなかったか
は不明である。回答は、利息に関しては、単に照会に係る事項のみ（円
貨について年○％）について返答をしているものと考えられる（登先
164・3）。

Q19　求償債権の債権額

　保証委託契約に基づき、債務者に対する保証人の求償債権を担
保するために抵当権を設定する場合、債権額はいくらで登記すべ
きか。

A　　　保証委託契約による求償債権については、弁済額・利息等
　　　　の合計額を抵当権の債権額とすることもできるが、主たる債
務の債権額と同額をもって抵当権の債権額とすることもできる。

解　　説

1　求償債権と抵当権設定登記

　保証委託契約に基づく保証人の求償額は、保証人が主たる債務者の
債務を全額弁済したことにより確定する。したがって、将来の求償債
権を担保するために抵当権を設定することができるかという疑問があ
ったが、現在の登記実務は、主たる債務（債権者と保証委託者（主た
る債務者）との間の金銭消費貸借契約）が特定している保証人の求償
債権は、その発生時期、金額において不確定ではあるが、保証債務の
履行を条件として発生する特定の将来の債権であるから、根抵当権で
はなく、普通抵当権を設定すべきとしている（昭48・11・1民三8118）。

2　担保される債権の範囲

　主たる債務者から保証の委託を受けた保証人の求償債権の範囲は、

連帯債務の規定が準用されるから（民459②・442②）、保証債務の履行として主たる債務を消滅させた出捐額、出捐をした日以後の法定利息、避けることができなかった費用（保証人が支払った訴訟費用・執行費用）および出捐のために受けた損害の合計である。これらの債権のすべてが求償債権として抵当権設定登記に記録された債権額を限度として担保される（不動産登記実務総覧（上）336頁）。主たる債務の債権額（例えば、金銭消費貸借契約の債権額）と同額を求償債権の債権額とすることも差し支えない。

　なお、民法459条2項が準用する同法442条2項の法定利息についての規定は任意規定と解されており、約定利率により代位弁済の日の翌日以降の遅延損害金を支払う旨の保証人と主たる債務者との特約は有効である（最判昭59・5・29判時1117・3）。

第1章　第3　抵当権設定の登記事項　　　45

3　債務者

Q20　債務者の氏名・住所

　法人格のない社団でも、抵当権の債務者として登記することができるか。

A　　　法人格なき社団でも、抵当権の債務者となることができる。

【解　説】

　抵当権の債務者は、抵当権で担保されている債務の債務者が何人であるかを公示するものであり、自然人の場合は住所と氏名、法人の場合は住所（本店・主たる事務所）と商号（名称）で公示する。

　法人格を有しない社団（例：法人登記をしていない町内会、青年団、同好会等）は、抵当権の債務者となることができる。しかし、法人格を有しない社団は、登記名義人（例：抵当権者、所有権者等）となることはできない（昭31・6・13民甲1317）。

Q21　複数の債務者

　債権者（抵当権者）は1人で債務者が2人の場合、債務者はどのように表示するのか。

A　　　連帯債務の場合は「連帯債務者」とする。連帯債務者でない場合は、債務者ＡとＢのそれぞれの債務を1個の抵当権で担保することができるが、この場合は債務者を（あ）（い）等の一定の記号で区別する。

46　　第1章　第3　抵当権設定の登記事項

| 解　　説 |

　抵当権の債務者が連帯債務者であるときは、住所・氏名をもって特定し「連帯債務者　住所　氏名、連帯債務者　住所　氏名」と申請情報に記録する（記録例369）。連帯保証人は登記できない。

　連帯債務者ではなく債務者がAとBの場合に、債権者（抵当権者）が同一であれば、債権者（抵当権者）は1個の抵当権でAとBのそれぞれの債務を担保することができる。この場合には、「債務者」と表示し、（あ）（い）等の一定の記号で債務者を区別して、債務者の住所・氏名、債権額、利息等をそれぞれ表示する（記録例370－Q14 2参照）。

第1章　第3　抵当権設定の登記事項　　　47

4　利　息

Q22　利息・利率

「利息」と「利率」とは異なるのか。登記の申請情報には、いずれを使用すべきか。

A　　利息と利率とは異なるので、申請情報には「利息」と記録する。

解　　説

「利息」とは、他人に金銭を使用させたものが、一定の割合で定期に受ける報酬であり、利子ともいう。「利率」とは、利息の元金に対する割合。利子率。年利・月利・日歩で表す（広辞苑2945頁・2968頁）。

抵当権設定登記の申請情報には、「利息」を記録しなければならないとされているので（不登令別表55項申請情報欄ロ、不登88①一）、抵当権設定の登記原因証明情報に「利率」と記載されている場合でも、申請情報には「利息」と記録すべきである（記録例360、登研288・75）。

Q23　利息に関する定め

抵当権の利息に関する定めは、どのように登記すべきか。

A　　登記原因証明情報に利息の定めがあるときは、これを申請情報に記録しなければならない。利息を生ずる民事債権については法定利率は年5分、商事債権は利息に関する特約がなくても年6分の利息が発生する。

「無利息の定め」は、民事債権では登記しなくても第三者に対抗

できるが、商事債権では無利息の登記をしないと第三者に対抗できない。

解　説

1　利息の登記

　不動産登記法88条1項1号は、「利息に関する定めがあるときは、その定め」を登記事項としている。「利息に関する定め」とは、利息の有無、利率、利息の発生期に関する契約等をいう（新基本法コンメンタール　不動産登記法255頁〔小宮山秀史〕）。登記実務は、利息についての遅延損害金の定めの登記（重利の登記～弁済期に弁済されない利息を元本に組み入れて、これにも利息を生じさせるという契約）をする実益はなく、重利の登記はできないとしている（昭34・11・26民甲2541）。

　抵当権設定登記の登記原因証明情報（抵当権設定契約書等）に利息に関する定めがあるときは、これを抵当権設定登記の申請情報に必ず記録しなければならない。登記原因証明情報に利息に関する定めがあるのにもかかわらず、これを申請情報に記録しなかったときは、不動産登記法25条5号（申請情報が不動産登記法等で定める方式に適合しないとき）の規定に該当し、申請の却下事由となる（昭42・3・24民三301）。

2　利息の定めがない場合・無利息の定めがある場合

（1）　利息の定めがない場合

（イ）　民事債権

　「利息を生ずる債権」には、当事者間の約定（例：金銭消費貸借契約）によって利息を生ずる債権と、法律の規定によって利息を生ずる債権とがある。

　利息を生ずる債権について利息の定めがないときは、法律で特別の

第1章　第3　抵当権設定の登記事項　　　49

規定（例：民法575条2項［代金の利息の支払］）がない限り、申請情報
には法定利率（年5分）を記録する（新不動産登記書式解説(二)272頁）。

〔利息を生ずる債権〕

利息を生ずる債権

約定によって利息を生ずる債権

金銭消費貸借契約に基づく貸金債権は、利息契約の特約
がある場合に利息が発生する。利息契約はしたが、利率
を定めなかったときは法定利率の年5分（5％）の利息と
なる（民404）。

法律の規定で利息を生ずる債権

例えば、売買契約が成立したときは、買主は引渡しの日
から、代金の利息を支払う義務がある（民575②）。原則
として、法定利率の年5分（5％）である（民404）。

（ロ）　商事債権

商事債権については、利息を生じる定めがなくても、年6分の法定利
率による利息を請求することができる（商514）。別段の利息の定めが
ないときは、申請情報に法定利率（年6分）を記録する（新不動産登記書
式解説(二)272頁）。

（2）　無利息の定め

民事債権は無利息が原則であるから、当事者間で利息を「無利息」
と定めた場合、無利息の定めを登記しなくても、無利息であることを
第三者に対抗することができる（利息は、「利息を生ずべき債権」につ
いて発生する（民404））。商事債権については、利息を生じる定めがな
くても、年6分の法定利率による利息が生じる（商514）ことから、無利
息の定めは登記をしないと第三者に対抗することができない。

50　　　第1章　第3　抵当権設定の登記事項

Q 24　利息制限法

利息制限法では、利息、損害金は、どのように規制されている
か。利息制限法の規定を超える利息は、登記することができるか。

　A　　利息制限法で定める利息・損害金の利率を超える抵当権設
　　　　定登記の申請は、受理されない。なお、抵当権設定契約書に
記載された利息または損害金の利率が利息制限法の利率を超えるも
のであっても、申請情報に利息制限法所定の利率を記録した場合は、
申請が受理される。

| 解　説 |

1　利息制限法

　利息制限法で規制する利息は「金銭を目的とする消費貸借における
利息」であり、その利率は次の表のとおりである。賠償額の予定の制
限も併せて表に掲載する。利息がこの利率により計算した金額を超え
るとき、および賠償額が次の表の利息の区分に従い1・46倍を超えると
きは、その超過部分について、無効とされる（利息1・4①）。

〔利息制限法で定める利息・損害金の上限〕

元本の額	利息の上限	賠償額の予定の上限
10万円未満	年20％	年29.2％
10万円以上100万円未満	年18％	年26.28％
100万円以上	年15％	年21.9％

2　利息制限法を超過する利息・損害金の登記の可否

　金銭を目的とする消費貸借における利息が、利息制限法所定の限度
額を超えるものについては、その超過部分については無効とされる（利

第1章　第3　抵当権設定の登記事項　　　51

息1)。したがって、その超過部分をも含む利息の定めを抵当権設定登記の申請情報に記録して申請しても、その申請は受理されない。損害金（賠償額の予定）についても同様である（昭29・6・2民甲1144）。例えば、債権額金500万円で利息を年20％（または、損害金年30％）とする抵当権設定登記の申請は、受理されない。

　上記例の場合において、抵当権設定契約書には債権額金500万円、利息年20％と記載されていても、抵当権設定登記の申請情報の利息を、利息制限法所定の年15％と記録して申請があったときは、受理される（昭29・7・13民甲1459）。

Q25　求償権の利息

保証人の求償権を担保するために抵当権の設定登記を申請する場合、利息は登記することができるか。

A　　　利息の登記をすることは可能である。

解　　説

　保証委託契約に基づき保証人の求償債権が発生した場合、保証人は弁済した日以降の法定利息を請求することができるのであり（民459②・442②）、また、利息債権は将来発生するものでも差し支えないことから、保証人の求償債権を担保するための抵当権設定登記において、利息の登記をすることは可能である（登研456・127、不動産登記実務の視点Ⅲ240頁、不動産登記実務総覧（上）336頁参照）。

　なお、民法459条2項が準用する同法442条2項の法定利息についての規定は任意規定であるから、保証人と債務者との間でこの法定利息に

代えて法定利率と異なる約定利率による代位弁済の日の翌日以後の遅延損害金を支払う旨の特約をすることを禁ずるものではない（最判昭59・5・29判時1117・3）。

Q26　登記できない利息の定め
　利息の定めとして登記することができない例を示せ。

A　　　利息請求権として、いくらの利息が請求できるか具体的に分からないものは、登記することができない。

解　　説

　抵当権の設定登記をするにおいて、登記することができる利息は、満期となった最後の2年分の利息（民375①）がいくらになるかが明確に分かるものでなければならない。
　次のような利息の定めは、具体性がないとして登記することができない。
①　「年5％以内」（登研772・131）
②　「利息は取引の都度これを定める」（登研59・29）
③　「利息年○％　ただし将来の金融情勢に応じ債権者において適宜変更できる」
　　ただし書きの部分は登記できない（昭31・3・14民甲506）。債権者において自由に利息を変更できるとした場合、変更の都度、登記がされていないと他の債権者が最後の2年分の利息（民375①）を計算できなくなるからである。
④　「元本100円につき日歩2銭7厘、但し債務を完済するときは貸付の日より日歩1銭7厘の割合で返還する」または「元本100円につき日歩

1銭、但し融資契約に違反するときは平成○年○月○日（貸付日）より日歩2銭7厘とする」（昭44・8・16民三705参照）。

⑤　「公定歩合に3％加算した率。ただし、変動があった場合はスライドする」（登研342・73）。

⑥　「年毎前月末現在の長期プライムレートに0.25％を加算した率」（登研404・134）。

Q27　利息の定め方の例

閏年についても「年365日」として登記することができるか。

A　登記することができる。

解　　説

利息の計算については、民法上、日割計算が原則であるが（民89②）、年利を日歩に換算する方法は定められていない。一般的には、平年であれば365で、閏年であれば366で年利を除すると考えるであろう。しかし、次のように、特約で、常に年利を365で除するとすることは可能とされている。

①　利息の定めとして、「年○％（1か月に満たない端数期間については、年365日日割計算とする）」とする抵当権設定登記の申請は、受理される（昭40・6・25民甲1431）。

②　抵当権の登記原因証明情報に閏年の日を含む期間についても365日当たりの割合とする趣旨で、「利息365日当たり何％」と記載され、かつ、申請情報に利息の表示として「利息年（365日当たり）何％」と記載してある場合は、受理される（登研369・83）。

③④　利息額の算定について、年利を原則とし、年に満たない部分に

ついては、貸付金の残元金の額×年利率×1/12の月割計算 (1月未満の端数計算については、年365日の日割計算) とする場合の記載は、年利表示の次に、「年○% (ただし、月割計算。月未満の期間は年365日日割計算)」として差し支えない (平元・3・17民三891)。

㋺ 損害金に関する定めとして閏年の日を含む期間についても365日当たりとする場合の記載は、「損害金 年○% (年365日日割計算)」として差し支えない (平元・3・17民三891)。

④ 抵当権設定契約の特約事項「半年賦利息に日割計算を必要とする場合、1年を365日として計算する」、「損害金の算定は年365日の日割計算」は、申請情報に記載することは差し支えない (平10・1・12民三36)。

⑤ 損害金の定めとして、閏年の日を含む期間についても、「年 (365日当たり) 14.5%」とする抵当権設定登記の申請は、受理される (昭45・5・8民甲2192)。

＜参考＞ ③〜⑤の通達が出された趣旨は、利息とか損害金に関する定めの特約がある場合に、端数期間の書き方によって算出される利息の額に差がある場合 (最後の2年分の額に差がある場合) には、その旨を登記しなければ、その差額分を第三者に対抗できない、というものである (登情454・9)。

Q28 年365日日割計算の定め

利息の定めとして「年365日日割計算」と定めることの意義はどこにあるのか。

A 民法で定める利息等の「最後の2年分」の範囲を対抗するためである。閏年の場合は、「年365日日割計算」を特約で定めたほうが、定めないよりも、利息・損害金を多く請求できる。

第1章　第3　抵当権設定の登記事項　　　　　55

解　説

1　「年365日日割計算」の特約は、なぜ可能か

　民法は、「抵当権者は、利息その他の定期金を請求する権利を有する
ときは、その満期となった最後の2年分についてのみ、その抵当権を行
使することができる」と定めている（民375①）。この規定は、抵当権の
効力が、元本のほかに、利息その他の定期金が、その満期となった最
後の2年分にまで及ぶことを公示して、当該抵当権者以外の他の債権
者を保護しようとするものである（基本法コンメンタール物権260頁〔良永
和隆〕参照）。

　「最後の2年分」の解釈については学説上争いがあるが、配当期日を
利息・損害金の計算の起算日とし、これから遡って2年分であるとする
のが執行実務とされている（民事執行の実務（下）208頁）。

　端数期間の利息の計算方法について特約（年365日日割計算）がある
場合は、特約がない場合に比較して、算出される利息額に当然に差違
があるから、第三者対抗要件として、その特約を登記する必要がある
（不動産登記先例解説総覧574頁参照）。

　例えば、「最後の2年分」のうちに閏日（2月29日）が入っていない場
合には730日（365日×2年）を、入っている場合には731日（365日＋366
日）を2年間とする計算方法の場合には、利息の計算方法について特約
（年365日日割計算）が登記されていれば、閏年には平年よりも1日多
い利息を請求することができる。この差違を次の2で計算してみる。

2　利息の計算例

（例）　債権額：金5,000万円　利息：年3％　端数：30日

　（注）　①および②とも、括弧内は小数点第7位以下切捨てで計算する。

① 利息計算の特約（年365日日割計算）がある場合

平年・閏年を問わず、次の計算式になる。

5,000万円×（0.03÷365×30）＝123,250円

② 利息計算の特約（年365日日割計算）がない場合

㋑ 平年

5,000万円×（0.03÷365×30）＝123,250円…ⓐ

㋺ 閏年

5,000万円×（0.03÷366×30）＝122,950円…ⓑ

［差額］ ⓐ123,250円－ⓑ122,950円＝300円

　上記例のように、特約（年365日日割計算）があれば、閏年であっても365日の日割計算となりⓐの123,250円を請求することができる。特約（年365日日割計算）がなければ、閏年の場合には30日間でⓑの122,950円しか請求できない。このように、特約（年365日日割計算）がある場合には、30日間でⓐの123,250円を請求できることとなり、300円多く請求できることになる。

　以上述べたことは、損害金計算の特約（年365日日割計算）でも同様である。

新債権法への対応

Q29 民法改正と利息

民法の改正で利息の規定は、どのように変わったのか。

A 　利息を生ずべき債権について別段の意思表示がないときの利率は年3%とし、変動制を採用した。商法で定める商事法定利率（年6%）の規定は削除され、法定利率は民法所定の利率で一本化された。

第1章　第3　抵当権設定の登記事項　　　57

解　説

　金銭消費貸借契約において利息を付す場合の利率（約定利率）は、当事者間で定めるのが通常であり、法定利息を付すことは多くはないと思われる。利息を生ずべき債権について利率を定めなかった場合の法定利率の定めは、次のように改正された。

① 　利息を生ずべき債権について別段の意思表示がないときは、その利率は、その利息が生じた最初の時点における法定利率による（改正民404①）。その利率は、年3%とされた（改正民404②）。

　　法定利率は、法務省令〔編注：本書執筆時は未公布〕で定めるところにより、3年を1期とし、1期ごとに、後掲②のように変動するものとされ（改正民404③）、改正前の民法の法定利息5%の固定制から変動制に移行した。

　　なお、利息を生ずべき債権（A債権）につき、利率について別段の意思表示がないときは、その利率は、「その利息が生じた最初の時点における法定利率による」ので（改正民404①）、適用される利率は固定されることとなり、その後に民法上の法定利率が変動しても、A債権に適用される利率は変動しない。「その利息が生じた最初の時点」とは、「その利息を支払う義務が生じた最初の時点」を意味し、金銭交付の時点を指すものとみるべきである（民法改正法案の概要50頁）。

② 　各期における法定利率は、法定利率に変動があった期のうち直近のもの（以下この項において「直近変動期」という）における基準割合（後掲③）と当期における基準割合との差に相当する割合（その割合に1%未満の端数があるときは、これを切り捨てる）を直近変動期における法定利率に加算し、または減算した割合とする（改正民404④）。

③ 　前掲②の「基準割合」とは、法務省令〔編注：本書執筆時は未公

布〕で定めるところにより、各期の初日の属する年の6年前の年の1月から前々年の12月までの各月における短期貸付けの平均利率（当該各月において銀行が新たに行った貸付け（貸付期間が1年未満のものに限る）に係る利率の平均をいう）の合計を60で除して計算した割合（その割合に0・1％未満の端数があるときは、これを切り捨てる）として法務大臣が告示するもの〔編注：本書執筆時は未公布〕をいう（改正民404⑤）。

④　今回の改正により、商法で定める商事法定利率（年6％）の規定（旧商514）は削除され（整備法3）、法定利率は民法（改正民404①）所定の利率で一本化された。

第1章 第3 抵当権設定の登記事項　　59

5　損害金

Q30　違約金

　抵当権設定登記の申請をする場合、損害金のほかに違約金の定めを登記することができるか。

A　　　「年何％」のような定期金的性質を有するものが、抵当権で担保することができる「損害金」の定めと解されており、債務不履行があれば金何万円を支払う旨の損害金額の約定は「違約金」の定めとなり、登記することはできない。

解　　説

1　損害金・違約金の登記

　(1)　損害金・違約金

　民法は、「抵当権者が債務の不履行によって生じた損害の賠償を請求する権利」を有する場合には、この損害の賠償を請求する権利と利息その他の定期金とを通算して、最後の2年分について抵当権を行使できるとしている（民375②）。この「債務の不履行によって生じた損害の賠償」の定めは、不動産登記法88条1項2号でいう損害の賠償額（以下「損害金」という）の定めに該当する。

　「年何％」のような定期金的性質を有するものが「損害金」であって、債務不履行があれば金何万円を支払う旨の損害金額の約定は「違約金」の定めとして、抵当権によって担保されないと解されている（昭34・7・25民甲1567、登研772・143）。

　(2)　民法で定める被担保債権の範囲〜「違約金」について

　抵当権では「違約金」は担保されないということは、次の表のように、質権と抵当権とで比較すると、民法で定める被担保債権の範囲が

異なることが分かる。

質権	「質権は、元本、利息、<u>違約金</u>、質権の実行の費用、質物の保存の費用及び債務の<u>不履行又は</u>質物の隠れた瑕疵に<u>よって生じた損害の賠償</u>を担保する」（民法346条本文）。
抵当権	抵当権者が、利息その他の定期金を請求できる権利を有するときは、その満期となった最後の2年分について抵当権を行使できる（民法375条1項本文）。 　上記の民法375条1項本文の規定は、「抵当権者が<u>債務の不履行によって生じた損害の賠償</u>を請求する権利を有する場合におけるその最後の2年分についても適用する」（民法375条2項本文）。

（注）　表中の下線は、筆者による。

　(3)　不動産登記法で定める登記事項～違約金について

　質権の設定登記においては、「違約金又は賠償額の定めがあるときは、その定め」が登記事項とされ、申請情報に記録しなければならない（不登95①三、不登令別表46項申請情報欄ロ）。

　これに対して、抵当権の設定登記の場合は、「民法第375条第2項（筆者注：最後の2年分の損害金）に規定する損害の賠償額の定めがあるときは、その定め」が登記事項とされ、申請情報に記録しなければならない（不登88①二、不登令別表55項申請情報欄ロ）。

　遅延利息（定期金的のもの）以外の債務不履行の場合の損害賠償金（違約金または特約による予定された損害金等）は抵当権によって担保されない（新不動産登記法逐条解説(二)435頁）。抵当権の設定登記においては違約金の定めは登記事項となっていないので登記することはできないが、定期金的な性質を持つ違約金については、登記することができるとする見解がある（Ｑ＆Ａ不動産登記法269頁）。

2　違約金の字句があっても損害金として登記できる例

　違約金は、抵当権設定登記の登記事項とならないことを述べた民事局第三課長通知がある（昭34・10・20民三999）。参考までに、その通知の全文を掲げる。

　抵当権設定登記におけるいわゆる違約金の定の登記の可否について

　標記に関し、本年（筆者注：昭和34年）7月25日付民事甲第1567号をもって違約金の定は抵当権設定の登記事項でない旨民事局長から通達されたのであるが、その趣旨は、民法第374条第2項（筆者注：現第375条第2項）の規定により抵当権の担保すべき定期金的性質を有する損害賠償金とその性質を異にする違約金（債務不履行の場合において一定の利率により期間に応じて支払うべき損害金ではなくて、延滞期間のいかんにかかわらず支払うべき一定額を定めたもの）は、抵当権により元本債権の附随債権として担保されるものではないから、抵当権の登記事項として登記することができないとされたものである。

　したがって、左記（筆者注：末尾の枠囲み部分）のごとき定によるものは、違約金なる字句を用いていても、その実質は、民法第374条第2項（筆者注：現第375条第2項）の規定により抵当権の担保すべき損害金であるから、かかる定は、登記することができるものであるが、かかる趣旨を誤解し、登記申請を却下する登記所もあるやに見受けられるので、かかる誤解のないよう貴管下登記官吏に周知方取り計らわれたい。

　債務不履行の場合は、100円につき日歩金何銭の割合による違約金（又は違約損害金）を支払うこと。

Q31 年365日日割計算の定め

損害金の定めとして、年〇％のほかに、「年365日日割計算」と定めることの実益はどこにあるか。

A 「損害金　年〇％（年365日日割計算）」と登記できる。「年365日」の特約を登記したほうが、債務者に対して損害金を多く請求できる。

解　説

利息の定めに「年365日日割計算」の特約を付けた場合と同じであるので、Q28参照。

6 債権に付した条件・権利の消滅に関する定め

> **Q32 債権に付した条件**
> 債権に付した条件があるときは、その条件を登記することができるか。

A 抵当権の被担保債権に停止条件または解除条件が付されたときは、これを登記することができる。

解説

1 停止条件・解除条件とは

「停止条件」とは、法律行為に付される条件のうち、法律行為の効力の発生が将来発生するかどうか不確実な事実にかかっている場合をいう。例えば、「司法書士試験に合格したら、○市○町○丁目○番の土地を贈与する」という場合、「司法書士試験に合格したら」が条件に該当する。

〔停止条件の図〕

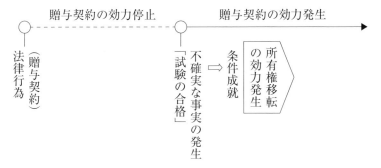

「解除条件」とは、条件の成就によって法律行為の効力が当然に消滅する条件をいう。例えば、大学在学中は奨学金を毎年贈与するとい

う法律行為について、「大学を中退したら奨学金の給付を打ち切る」という条件を付していた場合は、「大学を中退」することにより解除条件が成就し、その後は奨学金の贈与という法律行為は消滅する。

〔解除条件の図〕

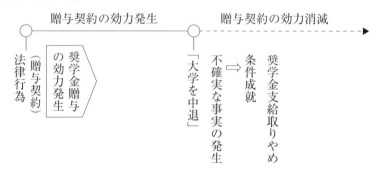

2 債権に付した条件の登記

抵当権設定契約において、抵当権の被担保債権に停止条件または解除条件が付されたときは、この条件を登記することができる（不登令別表55項申請情報欄ロ）。抵当権の登記の登記事項を定める不動産登記法88条1項3号は、「債権に付した条件があるときは、その条件」も記録すべきことを定めているが、これは停止条件の場合のものである（新不動産登記法逐条解説（二）450頁）。

「債務者が契約条項の履行を怠った場合、債権者の請求により期限の利益を失わしめることができる」とする、いわゆる期限の利益の喪失約款については、不動産登記法88条1項3号に規定する「債権に付した条件」には該当しないので登記することはできない（登研198・62）。

＜債権に条件を付した場合（記録例366参照）＞

| 1 | 抵当権設定 | 平成〇年〇月〇日
第〇号 | 原因　平成〇年〇月〇日金銭消費貸借同日設定
債権額　金〇万円
利息　無利息 |

第1章　第3　抵当権設定の登記事項　　65

			特約　債権者が死亡した時に 　　　　債権は消滅する 債務者　○市○町○番地 　　　B 抵当権者　○市○町○番地 　　　A

〔参考〕　この特約は、抵当権者と債務者の特約である。

Q33　権利の消滅に関する定め

　抵当権の消滅の定めを約定したときは、これを登記することができるか。

A　　抵当権設定契約で、抵当権の効力の消滅に関する解除条件または終期を定めたときは、この定めを登記すれば第三者に対抗できる。

＿解　　説＿

1　権利の消滅に関する定めの登記

(1)　抵当権または債権の消滅

　登記原因たる法律行為（例：抵当権設定契約）に、その効力の消滅に関する条件（以下「解除条件」という）、または期限（法律行為の効力を消滅させる期限。以下「終期」という）の付款があるときは、これを登記することができる。

　例えば、抵当権設定契約で、「債権者が死亡した時に債権は消滅する」（これは、抵当権者と債務者との特約である）、「抵当権者が死亡した時に抵当権は消滅する」（これは、抵当権者と抵当権設定者との特約である）または「年月日抵当権は消滅する」（登研450・127参照）と定めたときは、「登記の目的である権利の消滅に関する定め」があるとして登記をすることができる（不登59五）。

(2) 登記原因たる法律行為とは別個の契約

「登記の目的である権利の消滅に関する定め」は、登記原因たる法律行為の付款として定められた解除条件または終期のことをいい、登記原因たる法律行為とは別個の契約でした権利消滅の特約は、これに該当しない（注解不動産法277頁）。

例えば、買主が残代金全額を売主に支払った時に買主に所有権が移転する旨の停止条件付売買の特約として、売主において昭和37年11月末日までに買主から受け取った代金の一部金10万円を買主に返還して契約を解除できるとする定めは、不動産登記法59条5号（旧不動産登記法38条）の権利の消滅に関する事項の定めに該当しない（昭37・8・3民甲2225）。

2 任意的記録事項等

解除条件または終期の到来により登記の目的である権利（例：抵当権）の消滅の定めを登記した場合、この権利が消滅したときは、当該権利の消滅をもって第三者に対抗することができる（大判昭4・2・23新聞2957・13）。

なお、この「登記の目的である権利の消滅に関する定め」は、申請情報の任意的記録事項とされ（幾代・徳本補訂・不動産登記法128頁）、その記載が登記原因証明情報にあって申請情報になくても却下されることはないが、登記原因証明情報にその記載がないときは申請情報に記録することはできない（注解不動産法277頁）。

不動産登記法59条5号の「登記の目的である権利の消滅に関する定め」とは、物権行為の付款として定められた解除条件または終期を指すとされており、「条件」が解除条件である場合は、権利（抵当権）の消滅に関する定めに該当するとする見解もあるが、次に掲げる記録例365あるいは366いずれの申請をしても差し支えない（不動産登記研修講座159頁）。

第1章　第3　抵当権設定の登記事項　　　67

＜抵当権の消滅に関する定めがある場合（記録例365参照）＞

1	抵当権設定	平成○年○月○日第○号	原因　平成○年○月○日保証委託契約同日設定 債権額　金○万円 債務者　○市○町○番地 　　B 抵当権者　○市○町○番地 　　A
付記1号	1番抵当権消滅の定	余　白	抵当権者が死亡した時に抵当権は消滅する 平成○年○月○日付記

〔参考〕

①　この権利消滅の定めは解除条件であり、不動産登記法59条5号の「権利の消滅に関する定め」に該当する。抵当権者と抵当権設定者の特約で定める。

②　「登記の目的である権利の消滅に関する定めの登記」は、付記登記によってすることが不動産登記規則で定められている（不登規3六）。付記登記でするのは、買戻しの特約の登記と同様に（不登規3九）、公示の明確性等の観点から、独立の登記事項として付記登記により登記される（逐条解説不動産登記規則22頁）。

＜債権に条件を付した場合（記録例366参照）＞

1	抵当権設定	平成○年○月○日第○号	原因　平成○年○月○日金銭消費貸借同日設定 債権額　金○万円 利息　無利息 特約　債権者が死亡した時に債権は消滅する 債務者　○市○町○番地 　　B 抵当権者　○市○町○番地 　　A

7 抵当権の効力が及ぶ範囲

> **Q34 抵当権の効力が及ぶ範囲の別段の定め**
>
> 抵当権の効力の及ぶ範囲は、抵当権設定契約、変更契約で別段の定めをすることができるか。

A 抵当権は、抵当地の上に存する建物を除き、その目的である不動産に付加して一体となっている物に及ぶのを原則とするが、目的物の一部に抵当権の効力を及ぼさない旨の定めをすることもできる。

解　説

抵当権は、「抵当地の上に存する建物を除き、その目的である不動産（以下「抵当不動産」という。）に付加して一体となっている物」に及ぶ（民370本文）。ただし、設定行為に別段の定め（抵当権の効力を及ぼさない旨の定め）がある場合は、その別段の定めに従うことになる（民370ただし書）。民法370条ただし書の規定による別段の定めは、抵当権設定契約または抵当権の変更契約ですることができる。この別段の定めを登記すれば、別段の定めを第三者に対抗することができる。

民法370条ただし書の規定による別段の定め（抵当権の効力を及ぼさない旨の定め）として、次の例がある（記録例367）。

＜民法第370条ただし書の特約がある場合（記録例367参照）＞

1	抵当権設定	平成○年○月○日第○号	原因　平成○年○月○日金銭消費貸借同日設定 債権額　金○万円 利息　年○％ 損害金　年○％ 特約　立木には抵当権の効力は及ばない

			債務者　○市○町○番地 B
			抵当権者　○市○町○番地 A

第4　取扱店の記載

Q35　取扱店の記載

登記原因証明情報に取扱店の記載はないが、抵当権者の委任状に取扱店の記載がある場合は、申請情報に取扱店を記録することができるか。

A　　申請人である抵当権者の意思を確認することから、登記原因証明情報または抵当権者の委任状のいずれかに取扱店を記載すべきである（登研535・177）。

Q36　取扱店の表示例

抵当権者の抵当権取扱店として、登記できる例、登記できない例を示せ。

A　　抵当権者の抵当権取扱店として「東京営業部」は登記できるが、「本店営業部」は登記できない。

解　　説

1　取扱店として登記できる例

権利の主体（抵当権者）として法人格を有する銀行を登記記録例上に表示するには、その本店と商号をもってするべきであり、支店を権利の主体（抵当権者）として登記することはできない。ただし、銀行の支店名を取扱店として登記することはできる。取扱店を登記する場合、支店の所在地は登記することを要しない（昭36・5・17民甲1134、昭36・9・28民三859）。

第1章　第4　取扱店の記載　　　71

　金融機関の支店名を「取扱店○○支店」として登記が可能な例を、次に掲げる。
①　「取扱店　東京営業部」
　　金融機関が自ら「東京営業部」を支店であるとして申請すれば、登記することができる（昭57・4・28民三3238）。「東京営業部」のみで、「支店」の文字が付されていなくても登記することができる（不動産登記先例解説総覧　追加編Ⅰ146頁）。
②　「取扱店　東京住宅ローンセンター」「取扱店　住宅ローンセンター」
　　銀行が抵当権設定登記に際し、同行の住宅ローンセンター勘定により融資した場合においては、「東京住宅ローンセンター」または「住宅ローンセンター」を取扱店として表示した場合には、受理される（昭48・9・20民三7380（民三7379））。
③　「取扱店　何信用金庫」
　　信金中央金庫が貸付業務を信用金庫に委託して行った場合の抵当権設定登記には、取扱いをした信用金庫を取扱店として登記することができる（昭37・9・29民甲2781。全国信用金庫連合会は、2000年10月に信金中央金庫に名称変更）。

- - -
（例）

　　抵当権者　○市○町○丁目○番○号
　　　　　　　信金中央金庫（取扱店　何信用金庫）
- - -

2　取扱店として登記できない例
①　「取扱店　本店営業部」・「取扱店　首都圏」・「取扱店　東京公務部」・「取扱店　本店不動産課」
　　名称から判断して明らかに業務分野の1つにすぎず、支店の名称

として付したのではないことが明白である場合は、登記できない（不動産登記先例解説総覧　追加編Ⅰ146頁、登研391・109）。

② 信用金庫

信用金庫の支店を、取扱店として登記することはできない（登研492・119）。

③ 信用組合

信用組合の支店を、取扱店として登記することはできない（登研449・89）。

④ 信用保証協会

信用保証協会の支店を、取扱店として登記することはできない（登研449・89）。また、信用保証協会を抵当権者とする抵当権設定登記で、取扱店を「○○銀行○○支店」とする申請は認められない（登研513・212）。

⑤ 「○○銀行本店営業部」

住宅金融公庫（現・独立行政法人住宅金融支援機構）の代理人である銀行を取扱店とする場合、取扱店の表示を「○○銀行本店営業部」とすることはできない（登研453・124）。

⑥ 「○○出張所」

「取扱店　○○支店○○出張所」、「取扱店　○○出張所」という表示は相当でない（名古屋法務局登記情報19・43頁）。

⑦ 本店の支配人

Ａ銀行本店の支配人から「抵当権者　株式会社Ａ銀行（取扱店Ｂ支店）」とする抵当権の設定登記の申請は、受理されない（登研523・141）。

本店の支配人は、Ｂ支店の営業に関する代理権限を有しない。

⑧ 支店の支配人

甲銀行Ａ支店の支配人は、取扱店を同銀行Ｂ支店とする抵当権設

定登記申請の委任をすることはできない（登研541・137）。Ａ支店の支配人は、Ｂ支店の営業に関する代理権限を有していないからである。

⑨　会社の支店名

全国に支店を有する金融機関でない会社が抵当権設定登記の申請で支店名を登記することはできない（登研406・92）。

第5 抵当権の追加設定
1 抵当権変更登記の要否

Q37 抵当権者の表示変更

既に登記されている抵当権者の本店・商号が変更されている場合、追加設定登記をする前提として既設定登記の本店・商号の変更登記を要するか。

A 既に登記されている抵当権者の本店・商号の変更登記をしないで、変更証明情報を提供して抵当権の追加設定登記をすることができる。

解 説

抵当権の追加設定登記を申請する場合において、既に設定登記されている抵当権者の本店が本店移転により、または、商号が商号変更により変更され、追加設定の抵当権者の表示と一致しない場合でも、本店・商号の変更登記をすることなく、抵当権者の本店・商号の変更証明情報を提供してする追加設定登記の申請は受理される（登研560・136）。なお、登記事項証明書等の変更証明情報は、会社法人等番号の提供により代替することができる（平27・10・23民二512）。

Q38 利息・債務者の住所等の変更

既に登記されている抵当権の利息、債務者の表示が追加設定登記の登記原因証明情報の記載と異なっている場合、追加設定登記をする前提として既設定登記の利息等の変更登記を要するか。

第1章　第5　抵当権の追加設定　　75

A　　既に登記されている抵当権の利息、債務者の表示の変更登
　　　記をしないで、抵当権の追加設定登記をすることができる。

| 解　　説 |

　既に登記されている抵当権の利息、債務者の住所・本店・商号が、
抵当権追加設定登記の登記原因証明情報と異なっている場合、追加の
登記原因証明情報から同一債権についての追加設定であることが判明
すれば、既設定の抵当権の利息、債務者の表示の変更登記をすること
なく、追加設定登記の申請をすることができる（利息につき昭41・12・1民
甲3322、登研529・163。住所変更につき登研425・125。本店・商号につき登研560・
136）。損害金の場合も同様である。
　既に登記されている抵当権の債務者の住所が住居表示実施により変
更されている場合、債務者の表示の変更登記をすることなく、住居表
示実施証明書を提供してする変更後の債務者の住所を表示した抵当権
の追加設定登記は受理される（登研572・152参照）。なお、変更証明情報
の提供がない場合であっても、債務者である所有権登記名義人（抵当
権設定者）について、登記記録上、住所の変更登記がされている場合、
あるいは、追加抵当権の設定契約書（既登記抵当権が表示されている
もの）において、既登記の住所と変更後の住所が併記されているとき
には、前述の変更証明情報の提供があった場合と同様に取り扱って差
し支えないものとされている（登研769・108）。

Q39　債務者の合併と追加設定

　既に登記されている抵当権の債務者に合併があった場合、追加
設定登記を申請するためには、その前提として既設定登記の債務
者について変更登記を要するか。

A　　既に登記されている抵当権の債務者の変更登記をしない
　　　で、抵当権の追加設定登記をすることができる。

解　説

　抵当権の債務者会社に帰属していた権利義務のすべては合併により
存続会社または新設会社に承継されることから、合併後の会社を債務
者とする追加設定の登記を申請する前提として、既登記抵当権につい
ての債務者の変更登記は要しない（登研643・177）。
　ただし、追加設定登記申請に提供される登記原因証明情報は、受付
年月日および受付番号もしくは不動産の表示および順位番号等によっ
て、既登記抵当権が表示されているものでなければならない（不動産登
記実務の視点Ⅲ183頁）。

Q40　追加設定できない表示の例
　追加設定の登記を申請する前提として、既に登記されている抵
当権の債務者の変更登記を要する例を掲げよ。

A　　「年月日保証契約による求償債権」とある既設定抵当権に
　　　追加設定が「年月日保証委託契約による求償債権」とある場
合、または「甲野太郎」とある既設定抵当権に追加設定が「株式会
社乙」とある場合は、追加設定できない。

解　説

　抵当権の追加設定をなす場合、追加する抵当権は既に登記されてい
る抵当権と同一の債権を担保するものでなければならない。したがっ
て、抵当権の被担保債権が既に登記されている抵当権と全く別個のも

第1章　第5　抵当権の追加設定　　77

のであるとき、例えば、既に設定登記されている抵当権の登記原因が
「年月日保証契約による求償債権」、追加しようとする抵当権の登記
原因が「年月日保証委託契約による求償債権」である場合、または、
既に設定登記されている抵当権の債務者が「甲野太郎」、追加設定の債
務者が「株式会社乙」である場合は、いずれも受理されない（登研456・
128、不動産登記実務の視点Ⅲ181頁）。

Q41　一部弁済されている場合

　当初債権額が3,000万円で登記されている抵当権に対して、「債
権額金3,000万円（現在額金2,000万円）」と記載されている登記原
因証明情報で追加設定登記を申請する場合、追加設定登記の債権
額はいくらで表示すべきか。

A　　　当初債権額の3,000万円で申請することもできるし、現在
　　　債権額の2,000万円で追加設定登記を申請することもできる。

解　　説

Q43参照。

Q42　取扱店

　既に登記されている抵当権者の取扱店と追加設定登記をする取
扱店とで異なる場合は、その変更登記を要するか。

A　　　変更登記を要しない。

解　説

　根抵当権の以下の事例の場合、既に登記されている根抵当権者の取
扱店と取扱店の表示の異なる根抵当権追加設定登記の申請は、いずれ
も受理される（登研548・166）。抵当権の場合でも同じである。

① 　既登記に取扱店の表示がなく、追加設定に取扱店の表示がある場
　合
② 　既登記に取扱店の表示があり、追加設定に取扱店の表示がない場
　合
③ 　既登記に取扱店Ａの表示があり、追加設定に取扱店Ｂの表示があ
　る場合

第1章　第5　抵当権の追加設定　　　79

2　追加設定登記の申請情報

Q43　追加設定における債権額

抵当権の追加設定契約書に、債権額金500万円（現在額金462万円）とある場合、いずれを債権額として登記すべきか。

A　　当初の債権額、または現在額のいずれでも登記できる。

┌─────┐
│ 解　　説 │
└─────┘

当初の抵当権設定契約が債権額金500万円として登記されている場合に、これに対する抵当権の追加設定契約書に債権額金500万円（現在額金462万円）と記載されているときは、債権額金500万円または一部弁済後の現在額金462万円のいずれでも登記の申請をすることができる（昭41・12・6民甲3369、登先67・65）。なお、抵当権設定者としては、債権額金500万円について依然として登記義務がある（登先67・65）。

Q44　1個の登記原因証明情報でする追加設定登記

1個の登記原因証明情報により、甲登記所と乙登記所の管轄区域内にある不動産を共同担保として抵当権設定登記を申請する場合の申請情報の様式は。

A　　1個の抵当権設定契約書（登記原因証明情報）で、登記所の管轄を異にする不動産を共同担保として抵当権設定登記の申請をする場合において、甲登記所から先に申請をする際の申請情報は(1)および(2)のようになる。

80   第1章　第5　抵当権の追加設定

〔登記所管轄を異にする共同担保の概要〕

登記原因証明情報		1個の抵当権設定契約書
原　　因		平成30年4月10日金銭消費貸借同日設定
共同担保	甲登記所	先に抵当権設定登記の申請をする。 　甲市○町○丁目○番の土地
	乙登記所	甲登記所の抵当権設定登記が完了してから申請をする。 　乙市○町○丁目○番の土地

(1)　先に甲登記所に提供する抵当権設定登記の申請情報

登 記 申 請 書

登記の目的　　抵当権設定　❶

原　　　因　　平成30年4月10日金銭消費貸借同日設定

〔登記事項省略〕

添 付 情 報

　　登記原因証明情報　　登記識別情報　　印鑑証明書

　　会社法人等番号　　代理権限証明情報

平成○年○月○日申請　甲登記所

課 税 価 格　　金○円　❷

登録免許税　　金○円　❸

不動産の表示〔甲登記所管轄の物件を記載する〕

　　不動産番号　○○○○○○○○○○○○　❹

　　所在　　甲市○町○丁目

　　地番　　○番

　　地目　　宅地

第1章 第5 抵当権の追加設定 81

```
    地積    ○○.○○㎡


管轄外の物件〔乙登記所管轄の物件を記載する〕 ❺
    所在    乙市○町○丁目
    地番    ○番
    地目    宅地
    地積    ○○.○○㎡
```

❶ 根抵当権の場合は、「数個の不動産につき根抵当権が設定された旨の登記（筆者注：共同担保である旨の登記～共同根抵当権設定登記）をした場合に限り」（昭46・12・24民甲3630書式(9)参照）、民法392条［共同抵当における代価の配当］および393条［共同抵当における代位の付記登記］の規定が適用される（民398の16）。しかし、抵当権の場合は、数個の不動産が抵当権の目的となっている場合には、当然に民法392条および393条の適用があるから、登記の目的を「共同抵当権」と記載しない。

❷ 債権金額（登税別表一・一・(五)）。1,000円に満たないときは、1,000円とする（登税15）。

❸ 課税価格の1,000分の4（登税別表一・一・(五)）。100円未満の金額は切り捨てる（税通119①）。

❹ 不動産番号を記載すれば、土地にあっては所在・地番・地目・地積、建物にあっては所在・所在する土地の地番・家屋番号・種類・構造・床面積等の記載は不要である（不登令6、不登規34②）。

❺ 共同担保となっている管轄外（乙登記所）の抵当権の目的不動産を記載する（不登令別表55項申請情報欄イ）。

(2) 甲登記所の登記完了後に乙登記所に提供する抵当権設定登記の申請情報

```
            登 記 申 請 書


登記の目的    抵当権設定 ❶
原   因    平成30年4月10日金銭消費貸借同日設定 ❷
```

82　　　第1章　第5　抵当権の追加設定

〔登記事項省略〕

添 付 情 報　❸

　　　登記原因証明情報　　　登記識別情報　　　印鑑証明書

　　　会社法人等番号　　　代理権限証明情報　　　前登記証明情報

平成○年○月○日申請　乙登記所

〔代理人省略〕

登録免許税　　　金○円（登録免許税法第13条第2項）　　❹

不動産の表示〔申請する乙登記所管轄の物件を記載する〕

　　　所在　　　乙市○町○丁目

　　　地番　　　○番

　　　地目　　　宅地

　　　地積　　　○○.○○㎡

前登記の表示〔既に設定登記を完了した甲登記所管轄の物件を記載する〕　❺

　　　甲市○町○丁目○番の土地（順位番号第○番）

❶　単に「抵当権設定」とし、「抵当権設定（追加）」としない。

　　（参考）　共同根抵当権を追加設定登記する場合には、「共同根抵当権設定
　　　　　（追加）」としなければならない（昭46・10・4民甲3230第十四、昭
　　　　　46・12・24民甲3630書式(10)参照）。

❷　被担保債権の発生日・契約名および抵当権設定日は、既に登記されている甲
　　登記所の登記記録上のものと同一でなければならない。抵当権設定契約書は、
　　甲登記所と乙登記所の抵当権設定不動産を記載したものが1個であるから、甲
　　登記所と乙登記所に申請する申請情報の抵当権設定日は同一日となる。

❸　前登記証明情報

　①　抵当権の追加設定登記において登録免許税を軽減するために提供する登録
　　免許税法13条2項に規定する「財務省令で定める書類」は、次の情報が該当す
　　る（登税規11）。

　　㋑　同一債権を担保する抵当権に係る登記を既に受けた旨の記載のある登記
　　　事項証明書（不動産登記事務取扱手続準則125条1項）または登記識別情報
　　　（不動産登記総覧書式編〈2〉3145頁（注19）参照）。

第1章　第5　抵当権の追加設定　　83

　　㊃　抵当権設定登記を最初に申請した登記所に、その登記の申請と同時に申
　　　請人から不動産登記事務取扱手続準則別記第90号様式による申出書の提出
　　　をした場合において、登記官から交付される登記証明書。
　②　登録免許税法13条2項の規定により提供する「財務省令で定める書類」の名
　　称については、実務上、登録免許税法13条2項証明情報、前登記証明情報、登
　　記証明情報と統一的名称はない。**本章第5　2**では「前登記証明情報」と表記
　　する。
　　　なお、根抵当権の場合であるが、他の管轄登記所に共同根抵当権の追加設
　　定登記の申請をするに際し、登録免許税を不動産1個1,500円とするためには、
　　「財務省令で定める書面」と、「前の登記に関する登記事項証明書」を提供し
　　なければならない（登税13②、不登令別表56項添付情報欄ロ）。
❹　同一の債権のために数個の不動産に関する権利を目的とする抵当権設定登記
　を受ける場合において、当該抵当権設定登記の申請が最初の申請（甲登記所）
　以外のもの（乙登記所）であるときは、乙登記所における抵当権設定登記に係
　る登録免許税の税率は、当該抵当権設定登記が登録免許税法13条2項の規定に
　該当するものであることを証する財務省令で定める書類（前登記証明情報、❸
　①㋑㊃参照）を添付して抵当権設定登記の申請をするものに限り、当該抵当権
　設定登記に係る不動産に関する権利の件数1件につき1,500円である（登税13
　②）。
　　　登録免許税法の規定により登録免許税が軽減されている場合には、登録免許
　税額等のほか、軽減の根拠となる法令の条項を申請情報の内容としなければな
　らない（不登規189③）。
　　　なお、追加設定登記の申請をする登記所が既設定登記の登記所と同一管轄の
　場合は、前登記証明情報は不要である。この場合には、「前登記証明情報（省略）」
　とする（登研414・78参照）。
❺　前登記の表示は次のようになる。
　①　前登記の不動産が1個の場合
　　　既に抵当権設定登記を完了している甲登記所の管轄区域内の不動産（土地
　　にあっては所在・地番、建物にあっては所在・所在する土地の地番・家屋番
　　号）および順位番号を記載する（不登令別表55項申請情報欄ハ）。
　　　なお、不動産番号を記載すれば、前掲の所在・地番等の記載は不要である
　　が（不登令6②七・八）、順位番号の記載は必要である（不登令6②では順位番

号は記載不要とされていない)。順位番号の記載が必要とされるのは、同順位設定の場合には(あ)(い)の符号が付されるのであり、不動産番号だけでは抵当権の特定ができないからである。

② 前登記の不動産が2個以上の場合

　共同担保目録の記号、目録番号を記載することができるのは、同一の登記所（本例では甲登記所）に追加設定の登記を申請する場合である（不登令別表55項申請情報欄ハかっこ書、不登規168①、不動産登記総覧書式編〈2〉3154頁(注21)参照）。

Q45　同一管轄の追加設定

　甲登記所でＡ物件に抵当権を設定登記済のところ、追加設定契約書により同一登記所の管轄区域内にあるＢ物件を共同担保として抵当権追加設定登記を申請する場合の申請情報の様式は。

Ａ　　　甲登記所で不動産1個に抵当権設定登記を完了した後に、抵当権の追加設定契約書に基づき、登記所の管轄を同じくする不動産を共同担保として抵当権追加設定登記の申請をする場合の申請情報は次のようになる。

〔同一管轄における追加担保の概要〕

登記原因証明情報		抵当権の追加設定契約書
原因	既登記	平成29年11月10日金銭消費貸借同日設定
	追加設定	平成29年11月10日金銭消費貸借平成30年3月20日設定
共同担保	甲登記所	抵当権設定登記済の物件 　甲市○町○丁目○番の土地
	甲登記所	抵当権の追加設定登記をする物件 　甲市○町○丁目○番地家屋番号○番の建物

第1章　第5　抵当権の追加設定　　85

○管轄登記所を同じくする抵当権追加設定登記の申請情報

登　記　申　請　書　❶

登記の目的　　抵当権設定　❷

原　　　因　　平成29年11月10日金銭消費貸借

　　　　　　　平成30年3月20日設定　❸

〔登記事項省略〕

添　付　情　報　❹

　　　登記原因証明情報　　登記識別情報　　印鑑証明書

　　　会社法人等番号　　代理権限証明情報　　前登記証明情報（省略）

平成○年○月○日申請　甲登記所

〔代理人省略〕

登録免許税　　金○円（登録免許税法第13条第2項）　❺

不動産の表示〔追加設定する物件を記録する〕

　　　不動産番号　　○○○○○○○○○○○○○

　　　所在　　　甲市○町○丁目○番地

　　　家屋番号　○番

　　　種類　　　居宅

　　　構造　　　木造かわらぶき平家建

　　　床面積　　○○.○○㎡

前登記の表示〔既に登記されている物件を記録する〕

　　＜既設定不動産が1個～共同担保目録がない場合＞

　　　〔以下のように記載すればよい（不登令別表55項申請情報欄ハ）〕

　　　①　土地にあっては、当該土地の所在する市、区、郡、町、村

　　　　　及び字並びに当該土地の地番、順位事項を記載する。　❻

　　　　（例）　甲市○町○丁目○番の土地　順位第○番

　　　②　建物にあっては、当該建物の所在する市、区、郡、町、村、

字及び土地の地番並びに当該建物の家屋番号、順位事項を記載する。　**❼**

（例）　甲市○町○丁目○番地　家屋番号○番の建物　順位第○番

<既設定不動産が2個以上～共同担保目録がある場合>

「共同担保目録(あ)第1234号」と記載すればよい。

❶　本事例は、1個の土地に抵当権設定登記を受けた後、同土地の上に建築した建物が完成し、これを追加設定契約により追加担保として抵当権を設定する場合を想定したものである（追加担保が土地の場合であっても同じである）。

❷　単に「抵当権設定」とし、「抵当権設定（追加）」としない。

（参考）　共同根抵当権を追加設定登記する場合には、「共同根抵当権設定（追加）」としなければならない（昭46・10・4民甲3230第十四、昭46・12・24民甲3630書式(10)参照）。

❸　被担保債権の発生日・契約名は、既に登記されているものと同一でなければならない。設定日は、抵当権の追加設定契約を締結した日を記載する。

❹　追加設定登記の申請をする登記所が既設定登記の登記所と同一管轄の場合は、前登記証明情報は不要である。この場合には、「前登記証明情報（省略）」とする（登研414・78参照）。

❺　追加設定する不動産1個につき1,500円である（登税13②）。

❻❼　「順位事項」とは、不動産登記法59条8号の規定により「権利の順位を明らかにするために必要な事項として法務省令で定めるもの」をいう（不登59八）。具体的には、順位番号（不登規1一・147①）と同順位である場合の登記を識別するための符号（不登規147②）が該当する（不登規147③、逐条不動産登記令27頁、不動産登記書式精義中(一)965頁（注20）参照）。

第1章　第5　抵当権の追加設定　　87

Q46　管轄を異にする追加設定

甲登記所で2個の不動産に抵当権を設定登記済のところ、乙登記所の管轄区域内にある2個の不動産を追加設定契約書により共同担保として抵当権追加設定登記を申請する場合の申請情報の様式は。

A　　甲登記所で複数個の不動産に抵当権設定登記をした後、乙登記所の管轄区域内の複数個の不動産を目的とする抵当権の追加設定契約書で共同担保として抵当権追加設定登記の申請をする場合の申請情報は次のようになる。

〔登記所管轄を異にする追加担保の概要〕

登記原因証明情報		抵当権の追加設定契約書
原因	既登記	平成29年10月5日金銭消費貸借同日設定
	追加設定	平成29年10月5日金銭消費貸借平成29年12月11日設定
共同担保	甲登記所	抵当権設定登記済の物件 　甲市○町○丁目○番の土地 　甲市○町○丁目○番地家屋番号○番の建物
	乙登記所	追加設定の登記を申請する物件 　乙市○町○丁目○番の土地 　乙市○町○丁目○番地家屋番号○番の建物

○登記所管轄を異にする登記所にする抵当権追加設定登記の申請情報

登　記　申　請　書　❶

登記の目的　　抵当権設定　❷

原　　因　　平成29年10月5日金銭消費貸借

　　　　　　平成29年12月11日設定　❸

〔登記事項省略〕

添 付 情 報　❹

　　　登記原因証明情報　　登記識別情報　　印鑑証明書

　　　会社法人等番号　　代理権限証明情報　　前登記証明情報

平成○年○月○日申請　乙登記所

〔代理人省略〕

登録免許税　　金○円（登録免許税法第13条第2項）　　❺

不動産の表示〔追加設定する物件を記録する〕

　　　不動産番号　　○○○○○○○○○○○○○

　　　所在　　　乙市○町○丁目

　　　地番　　　○番

　　　地目　　　宅地

　　　地積　　　○○.○○㎡

　　　不動産番号　　○○○○○○○○○○○○○

　　　所在　　　乙市○町○丁目

　　　地番　　　○番2

　　　地目　　　雑種地

　　　地積　　　○○㎡

前の登記の表示〔既に登記されている物件を記録する〕

　　　〔以下のように記録すればよい（不登令別表55項申請情報欄ハ）〕

　　　①　土地にあっては、当該土地の所在する市、区、郡、町、村

　　　　　及び字並びに当該土地の地番、順位事項を記載する。　❻

　　　（例）　甲市○町○丁目○番の土地　順位第○番

第1章 第5 抵当権の追加設定　　　89

> ②　建物にあっては、当該建物の所在する市、区、郡、町、村、字及び土地の地番並びに当該建物の家屋番号、順位事項を記載する。　❼
>
> （例）　甲市○町○丁目○番地　家屋番号○番の建物　順位第○番

❶　本事例は、甲登記所で既に抵当権設定登記を受けている2個以上の不動産に、管轄の異なる乙登記所で2個以上の不動産を追加設定する場合の申請様式である。

❷　単に「抵当権設定」とし、「抵当権設定（追加）」としない。

　（参考）　共同根抵当権を追加設定登記する場合には、「共同根抵当権設定（追加）」としなければならない（昭46・10・4民甲3230第十四、昭46・12・24民甲3630書式(10)参照）。

❸　被担保債権の発生日・契約名は、既に甲登記所で登記されているものと同一でなければならない。設定日は、抵当権の追加設定契約を締結した日を記載する。

❹❺①　同一の債権のために数個の不動産に関する権利を目的とする抵当権設定登記を受ける場合において、当該抵当権設定登記の申請が最初の申請（甲登記所）以外のもの（乙登記所）であるときは、乙登記所における抵当権設定登記に係る登録免許税の税率は、当該抵当権設定登記が登録免許税法13条2項の規定に該当するものであることを証する財務省令で定める書類（②参照）を添付して抵当権設定登記の申請をするものに限り、当該抵当権設定登記に係る不動産に関する権利の件数1件につき1,500円である（登税13②）。

②　登録免許税法13条2項に規定する「財務省令で定める書類」は、次の情報が該当する（登税規11）。

　㋐　同一債権を担保する抵当権に係る登記を既に受けた旨の記載のある登記事項証明書（不動産登記事務取扱手続準則125条1項）または登記識別情報（不動産登記総覧書式編〈2〉3145頁（注19）参照）。

ロ 抵当権設定登記を最初に申請した登記所に、その登記の申請と同時に申請人から不動産登記事務取扱手続準則別記第90号様式による申出書の提出をした場合において、登記官から交付される登記証明書。

❻❼ 「順位事項」とは、不動産登記法59条8号の規定により「権利の順位を明らかにするために必要な事項として法務省令で定めるもの」をいう（不登59八）。具体的には、順位番号（不登規1一・147①）と同順位の登記を識別するための符号（不登規147②）が該当する（不登規147③、逐条不動産登記令27頁、不動産登記書式精義中(一)965頁（注20）参照)。

第1章　第6　抵当権設定の仮登記　　　91

第6　抵当権設定の仮登記

> ## Q47　仮登記の要件
>
> 　抵当権設定の仮登記を申請することができるのは、どのような場合か。

　　A　　　添付情報である登記識別情報または第三者の許可、同意もしくは承諾を証する情報を提供できない場合、または不動産登記法3条各号に掲げる権利の設定、移転、変更または消滅に関して請求権（始期付きまたは停止条件付きのものその他将来確定することが見込まれるものを含む）を保全しようとするときには、仮登記を申請することができる。

解　　説

1　不動産登記法105条の仮登記の規定

　不動産登記法105条は、仮登記をすることができる場合を次のように規定している（以下においては、不動産登記法105条1号の規定による仮登記のことを「1号仮登記」、同条2号の規定による仮登記のことを「2号仮登記」と表記することがある）。

> ［不動産登記法105条1号］
> 　〔不動産登記法〕第3条各号に掲げる権利について保存等があった場合において、当該保存等に係る登記の申請をするために登記所に対し提供しなければならない情報であって、第25条第9号の申請情報と併せて提供しなければならないものとされているもののうち法務省令〔不登規178〕で定めるものを提供することができないとき。

［不動産登記法105条2号］

　〔不動産登記法〕第3条各号に掲げる権利の設定、移転、変更又は消滅に関して請求権（始期付き又は停止条件付きのものその他将来確定することが見込まれるものを含む。）を保全しようとするとき。

2　抵当権に関する1号仮登記～抵当権設定仮登記

　抵当権設定契約の成立により抵当権の効力が生じている場合において、登記所に対して申請情報と併せて提供しなければならない添付情報のうち、登記識別情報または第三者の許可、同意もしくは承諾を証する情報を提供することができないときには、抵当権設定仮登記を申請することができる（不登105一、不登規178）。

＜抵当権の設定の仮登記（記録例588参照）＞

1	抵当権設定仮登記	平成○年○月○日第○号	原因　平成○年○月○日金銭消費貸借同日設定 債権額　金○万円 利息　年○％ 損害金　年○％ 債務者　○市○町○番地 　　　　A 権利者　○市○町○番地 　　　　甲
	余　白	余　白	余　白

3　抵当権に関する2号仮登記～抵当権設定請求権仮登記等

　抵当権に関する2号仮登記には、主に次の形態がある。

① 抵当権設定請求権仮登記

　契約における「予約」とは、将来において売買、抵当権設定等の

第1章 第6 抵当権設定の仮登記　　93

特定の契約（本契約）を成立させることを約束する契約をいう。将来成立する契約の方を、予約に対して本契約という。

　抵当権設定予約権利者が予約完結権を有する場合は、抵当権設定の予約契約の成立により、予約完結権者には抵当権設定請求権が発生するから、その請求権を保全するために抵当権設定請求権仮登記を申請することができる。

②　（停止）条件付抵当権設定仮登記

　停止条件付の抵当権とは、抵当権の効力発生時期がある一定の条件にかかっている場合をいう。例えば、「平成○年○月○日金銭消費貸借契約上の債務が不履行のときには、抵当権の効力が発生する。」を例としてあげることができる。これは、抵当権設定契約自体は成立しているが、ある一定の条件が成就（例：債務不履行の発生）するまでは、抵当権の効力が発生しないというものである。この場合には、抵当権設定の請求権（停止条件付の請求権）を保全するために2号仮登記をすることができる。

③　始期付抵当権設定仮登記

　㋑　「期限」とは、法律行為の効力の発生や消滅または債務の履行が、将来発生することの確実な一定の日時の到来にかかっている場合の、その一定の日時をいい、法律行為の附款の1つである（法律用語辞典179頁）。その到来が確実なものである点において「条件」と異なる。

　　期限には、始期と終期とがある。始期とは、法律行為の効力の発生または法律行為の効果として生ずる債務の履行に関する期限をいう。終期とは、法律行為の効力の消滅がかかるところの期限である。

　㋺　抵当権設定契約は締結したが、抵当権設定契約の効力発生に始期を付す場合の例として、例えば、抵当権設定契約の効力発生日

（始期）を平成29年6月20日とする始期付抵当権設定契約を平成29年3月20日に締結した場合には、平成29年6月20日になれば抵当権設定契約の効力が当然に発生する。これは、抵当権設定契約自体は成立しているが、始期が到来するまでは抵当権の効力が発生しないとするものであり、抵当権設定の請求権（始期付の請求権）を保全するために2号仮登記をすることができる。

＜抵当権の設定請求権の仮登記（記録例591参照）＞

1	抵当権設定請求権仮登記	平成○年○月○日第○号	原因　平成○年○月○日金銭消費貸借同日設定予約 債権額　金○万円 利息　年○％ 損害金　年○％ 債務者　○市○町○番地　A 権利者　○市○町○番地　甲
	余　白	余　白	余　白

＜停止条件付抵当権の設定の仮登記（記録例590参照）＞

1	条件付抵当権設定仮登記	平成○年○月○日第○号	原因　平成○年○月○日金銭消費貸借同日設定（条件　右金銭消費貸借の債務不履行） 債権額　金○万円 利息　年○％ 債務者　○市○町○番地　A 権利者　○市○町○番地　甲
	余　白	余　白	余　白

第1章 第6 抵当権設定の仮登記 95

＜始期付抵当権の設定の仮登記（記録例589参照）＞

1	始期付抵当権設定仮登記	平成○年○月○日第○号	原因　平成○年○月○日金銭消費貸借同日設定（始期　平成○年○月○日） 債権額　金○万円 利息　年○% 損害金　年○% 債務者　○市○町○番地　A 権利者　○市○町○番地　甲
	余　白	余　白	余　白

Q48　仮登記の本登記
　抵当権設定の仮登記を本登記にするためには、本登記義務者は誰になるか。

A　　原則として、仮登記における仮登記義務者が本登記における登記義務者となる。抵当権設定の仮登記後に所有権移転登記がされているときは、現在の所有権登記名義人を登記義務者とすることもできる。

解　説

1　申請人

　所有権以外の権利に関する仮登記に基づく本登記の申請人は、原則として、仮登記権利者が本登記権利者となり、仮登記義務者が本登記義務者となる。しかし、所有権以外の権利に関する仮登記後に、第三

者に所有権移転登記がされたときは、当該仮登記に基づく本登記の登記義務者は、仮登記義務者または現在の所有権の登記名義人のいずれでもよいとされている（昭37・2・18民三75）。

〔乙区仮登記の本登記の申請人〕

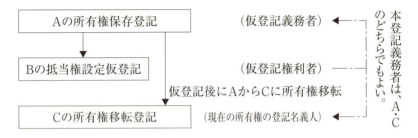

［所有権の仮登記との比較～所有権の仮登記後に所有権移転登記がされている場合］

　Bの所有権移転仮登記後に、所有権登記名義人Aから第三者Cに所有権移転登記がされている場合に、Bの仮登記に基づく本登記をするについては、Cは登記上利害関係を有する第三者に該当する（Aの相続人を除く。Aの相続人は利害関係人ではなく、本登記義務者Aの承継人である（昭38・9・28民甲2660参照）。）。所有権に関する仮登記の本登記の申請は、登記上の利害関係人Cの承諾を証する情報を提供し（不登令別表69項添付情報イ）、Bを登記権利者、Aを登記義務者として行う。

2　添付情報

　抵当権設定の仮登記に基づく本登記の添付情報は、次のとおりである。

① 　登記原因証明情報（不登61）

　　1号仮登記（抵当権設定仮登記）の登記原因証明情報となった抵当権設定契約書が、仮登記に基づく本登記の登記原因証明情報になる。1号仮登記の場合は、物権変動（抵当権設定契約の効力）が既に生じ

第1章　第6　抵当権設定の仮登記　　　97

ているから、仮登記をしたときの登記原因・その日付と、仮登記に
基づく本登記の登記原因・その日付とは同一である。

　2号仮登記（抵当権設定請求権仮登記等）の場合は、仮登記申請時
の登記原因証明情報と仮登記に基づく本登記申請時の登記原因証明
情報とは、登記原因日付が異なるから、それぞれ別個に作成された
ものとなる。2号仮登記の場合は、仮登記をした後に物権変動（抵当
権設定契約の効力）が生じた日を登記原因・その日付とする。

② 　登記義務者の登記識別情報（不登22本文）

　登記義務者が所有権取得の登記をしたときに通知された登記識別
情報を提供する。

③ 　登記義務者の印鑑証明書（不登令16・18）

④ 　登記権利者または登記義務者が法人の場合は会社法人等番号（不
登令7①一）。

⑤ 　代理人によって登記を申請するときは、委任状（不登令7①二）。

＜参考＞ 　仮登記に基づく本登記をするにつき登記上の利害関係を有する
　　　　　第三者の承諾を要するのは、「所有権に関する仮登記に基づく本登
　　　　　記」をする場合である（不登109①）。抵当権の仮登記を本登記にす
　　　　　る場合は、登記上の利害関係を有する第三者の承諾は不要である。

- -

Q49　共同抵当権設定の仮登記

　同一債権の担保のために数個の不動産に抵当権設定の仮登記を
することができるか。

- -

A　　共同担保として抵当権設定の仮登記を申請することができ
　　　る。

98　　第1章　第6　抵当権設定の仮登記

解　説

　同一の債権を担保するために、数個の不動産を共同担保として抵当権設定の仮登記を申請することができる（登研464・117参照。現行不動産登記法においては、登記官の職権により共同担保目録が作成される（不登83②）。）。なお、共同根抵当権設定の仮登記の申請は受理すべきでない、とされている（昭47・11・25民甲4945）。

第7 制限行為能力者の抵当権設定行為

1 未成年者

Q50 未成年者

抵当権を設定する不動産の所有者が未成年者であるときは、抵当権設定契約は法定代理人と締結するのか。

A 　　抵当権設定契約は、法定代理人である親権者もしくは未成年後見人が未成年者を代理して締結するか、または法定代理人の同意を得て未成年者本人が締結する。

┌─────┐
│ 解　　説 │
└─────┘

1 未成年者とは

満20歳に満たない者を未成年者という（民4）。ただし、未成年者が婚姻をしたときは、成年に達したものとみなされる（民753）。「成年に達したものとみなされる」ことを成年擬制という。成年擬制を受けた者は、自己の親からの親権または未成年後見人からの後見を脱し、完全な財産行為を行う能力を有する。戸籍実務は、成年擬制を受けた未成年者が、20歳に達する前に、婚姻が取り消された場合には、未成年者として取り扱われないとしている（昭23・4・21民甲54）。

年齢の計算は「年齢計算ニ関スル法律」に従い、出生の日を算入して計算する（年齢計算ニ関スル法律①）。例えば、平成10年4月1日に生まれた者が成年に達するのは、平成30年3月31日の満了時（31日の午後12時＝24時）である（東京高判昭53・1・30判タ369・193、最判昭54・4・19判時931・56）。

2 営業の許可を受けた未成年者

　一種または数種の営業（商業・工業・農業・営利を目的とする自由職業等）を法定代理人から許された未成年者は、その営業に関しては、成年者と同一の行為能力を有する（民6①）。「営業に関して」とは、許された営業自体はもちろん、許された営業に係る資金の借入れ、店舗の購入・賃借り等も含まれる。未成年者が法定代理人から許された営業については、法定代理人の同意または代理を要しない。

　未成年者が法定代理人から許された営業（商行為＝商法501条〜503条）をする場合、その営業については法定代理人の同意または代理がなくても完全に有効である。未成年者が営業をなすときは、未成年者登記簿に登記しなければならない（商登6二・35）。この未成年者登記がされたときは、未成年者は善意の第三者に対して当該営業につき完全な能力者であることを対抗できると一般に説かれている（商法総則・商行為法76頁）。

3 法定代理人

　未成年者の法定代理人には、その親権者または未成年後見人がなる。未成年の子は、原則として父母の親権に服する。父母の婚姻中は、父母が共同して親権を行使しなければならない。父母の一方が親権を行使することができないとき（例：父母のいずれかの死亡、虐待等による親権停止等）は、他の一方が親権を行う（民818）。未成年者に親権を行う者がないとき、または親権者が管理権を有しないときは、未成年後見人が後見する（民838一）。

4 未成年者所有不動産の抵当権設定契約の締結者

　未成年者所有の不動産を目的とする抵当権設定契約は、次の(1)または(2)のいずれかの方法によって行わなければならない。

第1章　第7　制限行為能力者の抵当権設定行為　　　101

（1）　法定代理人による代理

　法定代理人は、未成年者を代理して（民824）抵当権設定契約を締結することができる。抵当権設定契約の締結は、一般的にはこの代理による方法が採られており、法定代理人の同意による方法（後掲(2)）は採られていない。

（2）　法定代理人の同意

　（イ）　法律行為と法定代理人の同意

　未成年者は、法定代理人の同意を得て、自ら抵当権設定契約を締結することができる（民5）。未成年者が法定代理人の同意を得て抵当権設定契約を締結するためには、意思能力があることが必要である。意思能力とは、自分の行為の結果を認識できる能力をいい、一般的に15歳位の子には問題なく意思能力があるとされている（民法総則33頁）。

　未成年者の登記申請については、意思能力は必要であるが行為能力（例：成人であること～法律行為を単独で有効にすることができる法律上の地位）は必要とされていない（昭36・1・14民甲20参照）。したがって、未成年者が自ら登記原因である金銭消費貸借契約およびこれに基づく被担保債権を担保するための抵当権設定契約をするについては法定代理人の同意を要し、その同意書を抵当権設定登記の申請情報と併せて提供しなければならないが、抵当権設定の登記申請をすることについての法定代理人の同意書は不要である（ケーススタディ40選22頁参照）。

　（ロ）　未成年者の印鑑証明書

　未成年者が法定代理人の同意を得て、担保提供者となって抵当権設定登記をするためには、未成年者本人の印鑑証明書が必要である（不登令16②・18②）。未成年者の印鑑登録について、印鑑登録証明事務処理要領（昭49・2・1自治振10）は、15歳以上の者は印鑑の登録ができるとしている。

5　法律行為の取消し

　未成年者が法定代理人の同意を得ないでした抵当権設定契約は、意思能力がある未成年者、その代理人（法定代理人・任意代理人）、承継人（未成年者の相続人）が取り消すことができる（民120①）。取り消された行為は、初めから無効であったものとみなされる。ただし、意思能力がある未成年者は、その行為によって現に利益を受けている限度において、返還の義務を負う（民121）。

6　添付情報

(1)　法定代理人が代理する場合

　未成年者が所有する不動産に、その法定代理人が未成年者を代理して抵当権設定登記を申請するときは、次の添付情報を提供しなければならない。

① 　登記原因証明情報（不登令7①五ロ）

　　登記原因・当事者・不動産等を記載した法定代理人が記名押印した抵当権設定契約書が該当する。

② 　物件所有者の所有権取得時に通知された登記識別情報（不登22）

③ 　法定代理人の印鑑証明書（不登令18②）

　　父母の婚姻中は共同親権が原則であるから（民818③）、父母の印鑑証明書を提供する。親権者が父母のいずれか一方のときは、その者の印鑑証明書。未成年後見人が法定代理人であるときは、未成年後見人の印鑑証明書。有効期限は、作成後3か月以内のもの（不登令18③）。いずれの場合も、未成年者の印鑑証明書は不要。

④ 　法定代理人の権限を証する情報（不登令7①二）

　　父母と未成年者とが記載されている戸籍謄本。未成年後見人が法定代理人のときは、未成年被後見人の戸籍謄本（未成年後見人の本

第1章　第7　制限行為能力者の抵当権設定行為　　　103

籍・氏名は未成年被後見人の戸籍欄に記載される）。いずれの場合
も、作成後3か月以内のもの（不登令17①）。

　なお、法定代理人の戸籍の本籍と法定代理人の印鑑証明書の住所
が一致しないときは、同一性を証明するために本籍の表示がある住
所証明書（住民票の写し）も提供すべきであろう。

⑤　代理権限証明情報（不登令7①二）

　登記権利者、登記義務者の代理人によって登記の申請をする場合
は、委任状を要する。登記義務者の委任状は、父母または未成年後
見人が記名押印する（印鑑証明書の印）。

⑥　登記権利者が法人の場合は、会社法人等番号（不登令7①一）。

〔法定代理人による抵当権設定契約証書の記名押印例〕

抵当権設定契約証書

（抵当権設定者の記名押印欄のみを表示）

　　　　　　　住　　　　所　　○市○町○丁目○番○号　❶
　　　　　　　抵当権設定者　　　　平　成　一　郎

　　　　　上記の者未成年者につき　❷
　　　　　　　住　　所　　　○市○町○丁目○番○号
　　　　　　　親権者父　　　平　成　太　郎　㊞
　　　　　　　住　　所　　　○市○町○丁目○番○号
　　　　　　　親権者母　　　平　成　花　子　㊞

---

❶　未成年者は押印不要。

❷　父母が婚姻中で共同親権の場合は父母が記名押印し、単独親権の場合は単独
　親権者が記名押印する。

104　　第1章　第7　制限行為能力者の抵当権設定行為

〔法定代理人が提供する登記の委任状〕

委　任　状

（抵当権設定者の記名押印欄のみを表示）

　　　　　住　　　　　所　　　○市○町○丁目○番○号　❶
　　　　　抵当権設定者　　　　平　成　一　郎

　　　　　上記の者未成年者につき　❷
　　　　　　　住　　　　所　　　○市○町○丁目○番○号
　　　　　　　親権者父　　　　平　成　太　郎　㊞
　　　　　　　住　　　　所　　　○市○町○丁目○番○号
　　　　　　　親権者母　　　　平　成　花　子　㊞

---

❶　未成年者は押印不要。

❷　父母が婚姻中で共同親権の場合は父母が記名押印し、単独親権の場合は単独
　親権者が記名押印する。印鑑は、印鑑証明書の印を押す。

（2）　法定代理人の同意による場合

　未成年者が所有する不動産に、未成年者が法定代理人の同意を得て、未成年者本人が抵当権設定登記の申請をするときは、次の添付情報を提供しなければならない。

①　登記原因証明情報（不登令7①五ロ）

　　未成年者が記名押印した登記原因・当事者・不動産等を記載した抵当権設定契約書が該当する。

②　物件所有者の所有権取得時に通知された登記識別情報（不登22）

③　未成年者の印鑑証明書（不登令18②）

　　作成後3か月以内のもの（不登令18③）。

④ 法定代理人の同意書（不登令7①五ハ）

　未成年者が法律行為をすることについて、法定代理人が同意したことを証する情報（同意書）が必要である。この同意書には、法定代理人の印鑑証明書を添付する（不登令19②）。なお、未成年者が法定代理人の同意を得てなした法律行為に基づき登記の申請をする場合、その登記申請行為自体について法定代理人の同意は不要である。

⑤ 法定代理人の権限を証する情報（不登令7①二）

　父母と未成年者とが記載されている戸籍謄本。未成年後見人が法定代理人のときは、未成年被後見人の戸籍謄本（未成年後見人の本籍・氏名は未成年被後見人の戸籍欄に記載される）。いずれの場合も、作成後3か月以内のもの（不登令17①）。

　なお、法定代理人の戸籍の本籍と法定代理人の印鑑証明書の住所が一致しないときは、同一性を証明するために本籍の表示がある住所証明書（住民票の写し）も提供すべきであろう。

⑥ 代理権限証明情報（不登令7①二）

　登記権利者、登記義務者の代理人によって登記の申請をする場合は、委任状を提供する。登記義務者の委任状には、未成年者本人が記名押印する（印鑑証明書の印）。法定代理人の記名押印は不要。

⑦ 登記権利者が法人の場合は、会社法人等番号（不登令7①一）。

〔法定代理人の同意書〕

同　意　書

平成〇年〇月〇日

〇市〇町〇丁目〇番〇号

　　　未成年者　平成一郎　殿

　法定代理人は、上記未成年者が債権者株式会社〇〇銀行との間で、

別紙の平成○年○月○日付金銭消費貸借契約及び抵当権設定契約を締結することを、異議なく同意いたします。

○市○町○丁目○番○号

未成年者　平成一郎

同意者　❶

○市○町○丁目○番○号

親権者父　平成太郎　㊞

○市○町○丁目○番○号

親権者母　平成花子　㊞

不動産の表示
　　○市○町○丁目○番地
　　宅地　○○.○○㎡

❶　同意者として法定代理人（本例では共同親権者である父母）が記名押印し（印鑑証明書の印）、父母の印鑑証明書を添付する。

〔未成年者が提供する登記の委任状〕

委　任　状

（抵当権設定者の記名押印欄のみを表示）

住　　　所　　○市○町○丁目○番○号　❶
抵当権設定者　　平　成　一　郎　㊞

❶　未成年者が記名押印する（印鑑証明書の印）。同意者（法定代理人）の記名押印は不要である。

第1章　第7　制限行為能力者の抵当権設定行為　　107

Q51　利益相反行為と特別代理人

未成年の子とその親権者との利益相反行為については、どのようなことに注意すべきか。

A　　未成年の子とその親権者とが利益相反する行為については、特別代理人の選任を要する。

解　　説

未成年の子とその親権者との利益相反行為について、特に注意すべき事項は次のとおりである。

① 特別代理人の選任申立て

未成年の子とその親権者とで利益が相反する行為については、親権者は、その未成年の子のために特別代理人を選任することを家庭裁判所に請求しなければならない（民826①）。管轄裁判所は、子の住所地を管轄する家庭裁判所である（家事167）。

② 未成年の子が2人以上の場合

親権者が数人（A、B）の未成年の子に対して親権を行う場合において、その1人Aと他の子Bとの利益が相反する行為については、親権者は、その一方Bのために特別代理人を選任することを家庭裁判所に請求しなければならない（民826②）。

③ 共同親権者の1人が利益相反行為

共同親権の場合において、親権者の一方と未成年の子とが利益相反行為となるときは、特別代理人を選任し、その特別代理人と利益相反とならない親権者とが共同して未成年の子を代表する（昭23・9・18民甲3006、昭23・9・21民甲2952、昭33・10・16民甲2128）。

④ 未成年の子数名と抵当権設定契約

親権者甲が自己の債務の担保として、甲及び未成年の子Ａ、Ｂ共有の不動産について抵当権設定契約をする場合には、利益相反行為になるが、Ａ、Ｂのため各別に特別代理人を選任する必要はない（登研140・45）。

この場合は、民法826条2項で規定する「その1人と他の子との利益が相反する行為」に該当しない（担保提供者であるＡ、Ｂは互いに利益相反の関係にない）から、1名の特別代理人がＡ、Ｂを代表することができる（家事事件の申立書式と手続189頁参照）。

第1章　第7　制限行為能力者の抵当権設定行為　　109

2　成年被後見人

Q52　成年被後見人

　抵当権を設定する不動産の所有者が成年被後見人であるとき
は、抵当権設定契約は成年後見人と締結するのか。

A　　　　成年後見人が成年被後見人を代理して、抵当権設定契約を
　　　　締結する。成年被後見人の居住用不動産に抵当権を設定する
場合は、家庭裁判所の許可を要する。

| 解　　説 |

1　被後見人の種類

　後見は、①未成年者に対して親権を行う者がないとき、もしくは親
権を行う者が管理権を有しないとき、または、②後見開始の審判があ
ったとき、に開始する（民838）。①の場合の被後見人を未成年被後見人
といい、後見開始の審判があることは必要でない。②の場合の被後見
人を成年被後見人という。ただし、未成年後見から成年後見への移行
を円滑に進めるために、満19歳数か月に達した未成年の知的障害者・
精神障害者等が後見開始の審判を受けた場合には、未成年者が「成年
被後見人」となることも法律上はあり得る。

2　成年被後見人とは

　成年被後見人とは、精神上の障害（認知症・知的障害・精神障害等）
により事理を弁識する能力（判断能力）を欠く常況にある者で、家庭
裁判所から後見開始の審判を受けたものをいう（民7）。精神上の障害
により時々は判断能力を欠く状態になることがあっても、通常は一定
の判断能力が残存する状態にある者は保佐制度（被保佐人・被補助人）

の対象となる。

　民法の法文上、事理を弁識する能力を欠く「状況」ではなく「常況」とされているのは、通常は判断能力を欠く状況にあることを表す趣旨であり、一時的に若干の判断能力がある状態に戻ることがあっても、大部分の時間は判断能力を欠く状態にあれば、事理を弁識する能力を欠く「常況」にあるといえる（一問一答　新しい成年後見制度91頁）。

3　成年後見人の権限等

(1)　原則的な権限

　成年被後見人には、家庭裁判所によって成年後見人が付けられる（民8）。成年後見人は、成年被後見人の財産に関する法律行為全般について包括的な代理権を有するとともに、その財産を包括的に管理する権限を有する（民859①）。財産に関する法律行為の例としては、売買契約や抵当権設定契約の締結、遺産分割、身上監護のための契約締結等のほか、これらの法律行為に関連する登記・供託・介護認定の申請も対象となる。

　成年被後見人が行った法律行為は、成年被後見人または成年後見人が取り消すことができる。また、代理人（成年被後見人が意思能力があるうちに成年被後見人から取消権の授権を受けた任意代理人）、成年被後見人の承継人（相続人）も取り消すことができる（民120①）。

(2)　成年後見人の数

　家庭裁判所は、成年後見人として複数の者を選任することができる（民843③）。複数の成年後見人が選任されている場合であっても、各成年後見人は、原則として単独で権限を行使することができる。成年後見人が数人あるときは、家庭裁判所は、職権で、数人の成年後見人が、共同してまたは事務を分掌して、その権限を行使すべきことを定

めることができる（民859の2①）。なお、成年後見人が数人ある場合、第三者の意思表示は、その1人に対して行えばよい（民859の2③）。

（3）　法人成年後見人

法人も成年後見人となることができる。成年後見人となる法人の資格については制限がなく、公益法人、営利法人であるとを問わない。ただし、家庭裁判所が成年後見人を選任するについては、法人の「事業の種類及び内容並びにその法人及びその代表者と成年被後見人との利害関係の有無」が考慮される（民843④）。

4　居住用不動産の抵当権設定

（1）　家庭裁判所の許可

成年後見人が成年被後見人に代わって、その居住の用に供する建物またはその敷地（以下「居住用不動産」という）について、売却、賃貸、賃貸借の解除または抵当権の設定その他これらに準ずる処分をするには、家庭裁判所の許可を得なければならない（民859の3）。成年被後見人の居住環境に変化を与えることは、成年被後見人の精神生活に大きな影響を及ぼすおそれがあるためである。成年被後見人のために居住用に不動産を購入したり、賃借りしようとする場合は、家庭裁判所の許可は必要でない（注釈民法(25)427頁〔吉村朋代〕）。

「その他これらに準ずる処分」とは、終局的に当該居住用不動産に成年被後見人が居住することができなくなるような処分行為をいう。訴訟上の和解に基づく処分も含まれると解すべきである。「その他これらに準ずる処分」の例としては、（負担付）贈与、使用貸借契約による貸渡し、使用貸借契約の解除、譲渡担保権・仮登記担保権・不動産質権の設定等が挙げられる（平成11年民法一部改正法等の解説287頁）。

成年後見人が家庭裁判所の許可を得ないでこれらの行為をしたときは、当該行為は無効になる（一問一答　新しい成年後見制度123頁）。

(2) 居住用不動産とは

居住用不動産とは、成年被後見人の単独所有か共有の不動産で、次のいずれかに該当するものをいう（東京家裁後見センターにおける成年後見制度運用の状況と課題86頁）。住民票の有無とは無関係である。

① 成年被後見人の生活本拠として現に居住している建物またはその敷地

② 現在、成年被後見人は居住していないが、過去に成年被後見人の生活の本拠として実体があった建物および敷地

③ 将来、成年被後見人の居住用として利用する予定の建物およびその敷地

5 法律行為の取消し

成年被後見人が行った法律行為は、成年被後見人または成年後見人が取り消すことができる。また、代理人（成年被後見人が意思能力があるうちに成年被後見人から取消権の授権を受けた任意代理人）、成年被後見人の承継人（相続人）も取り消すことができる（民120①）。取り消された行為は、初めから無効であったものとみなされる。ただし、制限行為能力者は、その行為によって現に利益を受けている限度において、返還の義務を負う（民121）。

6 添付情報

成年被後見人が所有する不動産に、その成年後見人が成年被後見人を代理して抵当権設定登記を申請するためには、次の添付情報を提供しなければならない。

① 登記原因証明情報（不登令7①五ロ）

成年後見人が記名押印した登記原因・当事者・不動産等を記載した抵当権設定契約書が該当する。

② 物件所有者の所有権取得時に通知された登記識別情報（不登22）

　成年被後見人が所有する居住用不動産に抵当権を設定する場合は家庭裁判所の許可を得なければならないが、家庭裁判所の許可があったときは登記識別情報（登記済証）の提供を要しない。事前通知も要しない（登研779・119）。

③ 成年後見人の印鑑証明書（不登令18②）

　作成後3か月以内のもの（不登令18③）。成年被後見人は、印鑑証明書の印鑑を登録することができない（印鑑登録証明事務処理要領第2（昭49・2・1自治振10））。

④ 成年後見人の権限を証する情報（不登令7①二）

　成年被後見人・成年後見人が記録されている後見登記等に関する法律10条の規定に基づく登記事項証明書を提供する。作成後3か月以内のもの（不登令17①）。

　なお、家庭裁判所による成年後見人の選任の日から3か月以内に申請がされる場合に限り、その選任の審判に係る審判書の正本または謄本および審判の確定証明書は、成年後見人の権限を証する情報とすることができる（登研740・159）。

⑤ 家庭裁判所の許可書（不登令7①五ハ）

　第三者の許可があったことを証する情報として、成年被後見人の居住用不動産に抵当権を設定することを許可した家庭裁判所の許可書を提供する。

⑥ 代理権限証明情報（不登令7①二）

　登記権利者、登記義務者の代理人によって登記の申請をする場合は、委任状を提供する。登記義務者の委任状には、成年後見人が記名押印する（印鑑証明書の印）。

⑦ 登記権利者が法人の場合は、会社法人等番号（不登令7①一）。

114   第1章　第7　制限行為能力者の抵当権設定行為

〔成年後見人による抵当権設定契約書の記名押印〕

抵当権設定契約証書

（抵当権設定者の記名押印欄のみを表示）

住所　○市○町○丁目○番○号
抵当権設定者
成年被後見人　　　平成太郎

上記成年後見人　❶
住所　○市○町○丁目○番○号
　　　平成一郎　㊞

❶　成年後見人が記名押印する。

〔成年後見人が提供する登記の委任状〕

委　任　状

（抵当権設定者の記名押印欄のみを表示）

住所　○市○町○丁目○番○号
抵当権設定者
成年被後見人　　　平成太郎

上記成年後見人　❶
住所　○市○町○丁目○番○号
　　　平成一郎　㊞

❶　成年後見人が記名押印する（印鑑証明書の印）。

第1章　第7　制限行為能力者の抵当権設定行為　　115

3　被保佐人

Q53　被保佐人

抵当権を設定する不動産の所有者が被保佐人であるときは、抵当権設定契約は誰と締結するのか。

A　　被保佐人は保佐人の同意を得て、自ら抵当権設定契約を締結することができる。

　家庭裁判所から抵当権設定契約を締結する代理権を許可された保佐人は、被保佐人を代理して抵当権設定契約を締結することができる。保佐人が被保佐人を代理して、被保佐人の居住用不動産に抵当権を設定する場合は、家庭裁判所の許可を要する。

解　　説

1　被保佐人とは

　被保佐人とは、精神上の障害（認知症・知的障害・精神障害等）により事理を弁識する能力（判断能力）が著しく不十分である者で、家庭裁判所から保佐開始の審判を受けた者をいう。ただし、成年被後見人となる原因がある者は、成年後見の制度を利用することになるので、保佐の制度の対象から除かれる（民11）。保佐の制度は、判断能力が著しく不十分な者を保護する制度であるから、平成12年の改正民法施行日（平成12年4月1日）前の準禁治産者制度とは異なり、浪費者は被保佐人とならない。

　保佐制度の対象者の具体例としては、次の例が挙げられる（一問一答新しい成年後見制度68頁）。

① 　日常の買い物程度は自分ですることができるが、重要な財産行為は自分では適切に行うことができず、常に他人の援助を受ける必要

がある（誰かに代わってやってもらう必要がある）者

② いわゆる「まだら呆け」の中で、重度の者

2 保佐人の同意権

（1） 保佐人の同意を要する行為

保佐開始の審判を受けた者は被保佐人とし、被保佐人には家庭裁判所によって保佐人が付けられる（民12）。被保佐人は、日用品の購入その他日常生活に関する行為（電気・ガス・水道料の支払、そのために必要な範囲の預貯金の引き出し等）をする場合を除き、次の行為をするには保佐人の同意を得なければならない（民13①②）。

① 元本を領収し、または利用すること。

② 借財または保証をすること。

③ 不動産その他重要な財産に関する権利の得喪を目的とする行為をすること。

　「権利の得喪を目的とする行為」としては、売買、担保権の設定等が該当する。したがって、被保佐人が所有する不動産に抵当権を設定するためには、保佐人の同意を得て、被保佐人が自ら抵当権設定契約を締結することになる。被保佐人の居住用不動産に対する抵当権の設定については、後掲4(1)参照。

④ 訴訟行為をすること。

⑤ 贈与、和解、仲裁合意（仲裁法2条1項に規定する仲裁合意をいう）をすること。

⑥ 相続の承認、放棄、遺産分割をすること。

⑦ 贈与の申込みの拒絶、遺贈の放棄、負担付贈与の申込みの承諾、負担付遺贈の承認をすること。

⑧ 新築、改築、増築、大修繕をすること。

⑨ 民法602条に定める期間を超える賃貸借をすること。

第1章　第7　制限行為能力者の抵当権設定行為　　117

　この期間は、樹木の栽植、伐採を目的とする山林の賃貸借は10年、前記以外の土地の賃貸借は5年、建物の賃貸借は3年、動産の賃貸借は6か月である。

改正民法への対応

　民法の改正により、被保佐人が、前掲(1)の①～⑨に掲げる行為を制限行為能力者（未成年者、成年被後見人、被保佐人および民法17条1項の審判を受けた被補助人をいう。）の法定代理人としてすることは、保佐人の同意を要するとされた（改正民13①十）。この改正により、被保佐人の法律行為について、保佐人の同意を得ることが必要な行為は10行為となった。

　被保佐人が保佐人の同意を得ないで他の制限行為能力者の法定代理人としてした行為については、行為能力の制限を理由に取り消すことができる（改正民102）。

---

　(2)　保佐人の同意権の拡張

　家庭裁判所は、被保佐人、配偶者、四親等内の親族、後見人、後見監督人、補助人、補助監督人、検察官、保佐人または保佐監督人の請求により、被保佐人が前掲(1)に掲げる行為以外の行為をする場合であっても、保佐人の同意を得なければならない旨の審判をすることができる。ただし、日用品の購入その他日常生活に関する行為は、同意を要する行為から除かれる（民13②）。

　保佐人が、被保佐人の利害を害するおそれがないにもかかわらず同意をしないときは、被保佐人の請求により、家庭裁判所は保佐人の同意に代わる許可を与えることができる（民13③）。

　(3)　同意を得ない行為の取消し

　被保佐人が、前掲(1)または(2)に掲げる保佐人の同意を得なければ

ならない行為について、保佐人の同意またはこれに代わる家庭裁判所の許可を得ないでしたものは、被保佐人または保佐人が取り消すことができる（民13④）。また、利益相反行為について同意をした臨時保佐人（民876の2③）、保佐監督人（民876の3②・851四）も取り消すことができる。被保佐人から取消権の行使を授権された任意代理人、被保佐人の承継人も取消権者となる（民120①）。なお、被保佐人が行為能力者であることを信じさせるため詐術を用いたときは、その行為を取り消すことができない（民21）。

3 保佐人の代理権

　保佐人には、被保佐人の一定の行為（前掲2(1)(2)に掲げる行為）について同意権しか与えられておらず（民13①②）、成年後見人のように財産の管理および財産に関する法律行為を代表するというような包括的な代理権は与えられていない（民859①）。

　ただし、家庭裁判所は、前掲2(2)で掲げた保佐人等一定の者の請求によって、被保佐人のために特定の法律行為について、保佐人に代理権を付与する旨の審判をすることができる（民876の4①②）。代理権の付与は、前掲2(1)(2)に掲げる同意を与えることができる法律行為に限定されず、これらの法律行為に関連する登記申請や訴訟行為等についてもすることができる（新成年後見制度の解説78頁・79頁）。この代理権の付与については、被保佐人以外の申立てによる場合は、被保佐人の同意を要する（民876の4②）。

　代理権付与の申立てがない場合には、保佐人は同意権・取消権のみを有することになり、代理権付与の審判がされた場合には、保佐人は代理権と同意権・取消権の双方を有することになる（新成年後見制度の解説77頁）。

第1章　第7　制限行為能力者の抵当権設定行為　　　119

4　抵当権設定契約

被保佐人が所有する不動産に抵当権を設定する場合は、次の方法による。

(1)　設定する不動産が被保佐人の居住用不動産である場合

　(イ)　保佐人の代理による場合

居住用不動産の意味については、Q52　4参照。

保佐人が、被保佐人を代理して、被保佐人の居住用不動産を処分（抵当権を設定）するためには、保佐人が家庭裁判所から当該処分行為をすることにつき代理権を付与されていることが必要である。この付与された代理権に基づき、保佐人が被保佐人を代理して、被保佐人の居住用不動産を処分（抵当権を設定）するためには、別途、処分することについての家庭裁判所の許可を要する（民876の5②・859の3、一問一答新しい成年後見制度123頁）。

　(ロ)　保佐人の同意がある場合

被保佐人が、自ら、債権者から借財をする場合（民13①二）または不動産その他重要な財産に関する権利の得喪を目的とする行為をする場合（例：抵当権の設定契約（民13①三））には、保佐人の同意を得なければならない（民13①）。

被保佐人が保佐人の同意を得て、自ら、金銭消費貸借契約および被保佐人所有の居住用不動産を目的とする抵当権設定契約を締結する場合には、本人の意思を尊重する趣旨から、家庭裁判所の許可は不要である（成年後見教室99頁）。

(2)　設定する不動産が被保佐人の居住用不動産以外の場合

　(イ)　保佐人による代理

被保佐人のために特定の法律行為（本例では、被保佐人を債務者とする金銭消費貸借契約および被保佐人所有の不動産を目的とする抵当

権設定契約）について、保佐人に代理権を付与する旨の審判があった
ときは、保佐人は、被保佐人を代理して、当該特定の法律行為（金銭
消費貸借契約・抵当権設定契約）を締結することができる。

　（ロ）　保佐人の同意がある場合

　被保佐人が、自ら、債権者から借財をする場合（民13①二）または不
動産その他重要な財産に関する権利の得喪を目的とする行為をする場
合（例：抵当権の設定契約（民13①三））には、保佐人の同意を得なけれ
ばならない（民13①）。

　被保佐人が保佐人から前記の法律行為をすることの同意を得た場合
には、被保佐人は、自ら、金銭消費貸借契約および抵当権設定契約を
締結することができる。

5　添付情報

　被保佐人が所有する不動産を目的として抵当権を設定するために
は、(1)（保佐人が代理する場合）または(2)（保佐人の同意を得た場
合）の区別により、次の添付情報を提供しなければならない。

　(1)　保佐人が被保佐人を代理して抵当権設定契約を締結する場合

① 　登記原因証明情報（不登令7①五ロ）

　　登記原因・その日付、当事者、不動産等の抵当権設定登記に必要
な登記事項（不登59・83①）がすべて記載された抵当権設定契約書（金
銭消費貸借契約抵当権設定契約書）が該当する（昭30・12・23民甲2747、
記録例360参照）。この契約書の記名押印欄には、保佐人が被保佐人の
代理人である旨を記載し、保佐人が記名押印する。

② 　物件所有者の登記識別情報（不登22）

　　被保佐人が所有する居住用不動産に抵当権を設定する場合におい
て、保佐人が被保佐人を代理して抵当権設定契約を締結するには家

第1章　第7　制限行為能力者の抵当権設定行為　　121

庭裁判所の許可を得なければならないが、家庭裁判所の許可があったときは登記識別情報の提供を要しない。事前通知も要しない（登研779・119参照）。

③　保佐人の印鑑証明書（不登令18②）

作成後3か月以内のもの（不登令18③）。

④　保佐人の権限を証する情報（不登令7①二）

家庭裁判所によって選任された保佐人であること、および家庭裁判所が特定の行為について保佐人に代理権を付与したことを証するために、後見登記等に関する法律10条の規定に基づく登記事項証明書を提供する。作成後3か月以内のもの（不登令17①）。

なお、家庭裁判所による保佐人の選任の日から3か月以内に申請がされる場合に限り、その選任の審判に係る審判書の正本または謄本および審判の確定証明書は、保佐人の権限を証する情報とすることができる（成年後見人の事案として登研740・159）。

⑤　被保佐人の居住用不動産の処分を許可した家庭裁判所の審判書（不登令7①五ハ）

被保佐人の所有する居住用不動産に抵当権を設定登記する場合であって、保佐人が家庭裁判所で許可された代理権限に基づき、被保佐人を代理して抵当権設定契約を締結したときは、被保佐人の所有する居住用不動産に抵当権を設定することを許可した家庭裁判所の審判書正本または謄本を提供しなければならない（一問一答　新しい成年後見制度123頁）。

⑥　代理権限証明情報（不登令7①二）

登記権利者、登記義務者の代理人によって登記の申請をする場合は、委任状を要する。保佐人が家庭裁判所で許可された代理権限に基づいて被保佐人を代理する場合は、登記義務者の委任状には保佐人が記名押印する（印鑑証明書の印）。

122 第1章 第7 制限行為能力者の抵当権設定行為

⑦ 登記権利者が法人の場合は、会社法人等番号（不登令7①一）。

〔保佐人による抵当権設定契約書の記名押印〕

抵当権設定契約証書

（抵当権設定者の記名押印欄のみを表示）

　　　　　　住所　○市○町○丁目○番○号
　　　　　　抵当権設定者
　　　　　　　　　　　　　平成太郎
　　　　　　被保佐人

　　　　　　上記保佐人
　　　　　　住所　○市○町○丁目○番○号　❶
　　　　　　　　　平成一郎　㊞

---

❶ 保佐人が記名押印する。

〔保佐人が提供する登記の委任状〕

委　任　状

（抵当権設定者の記名押印欄のみを表示）

　　　　　　住所　○市○町○丁目○番○号
　　　　　　抵当権設定者
　　　　　　　　　　　　　平成太郎
　　　　　　被保佐人

　　　　　　上記保佐人
　　　　　　住所　○市○町○丁目○番○号　❶
　　　　　　　　　平成一郎　㊞

---

❶ 保佐人が記名押印する（印鑑証明書の印）。

(2)　保佐人の同意を得て、被保佐人が抵当権設定契約を締結する
　　場合
① 　登記原因証明情報（不登令7①五ロ）
　　被担保債権を特定させるため、その発生原因たる債権契約とその
日付（年月日金銭消費貸借契約）、および登記原因・その日付、当事
者、不動産等の抵当権設定登記に必要な登記事項（不登59・83①）がす
べて記載された抵当権設定契約書（金銭消費貸借契約抵当権設定契
約書）が該当する（昭30・12・23民甲2747、記録例360参照）。
　　この契約書の記名押印欄には、被保佐人が記名押印する。
② 　保佐人の同意があったことを証する情報（不登令7①五ハ）
　　被保佐人が金銭消費貸借契約および抵当権設定契約を締結するこ
とについて、保佐人が同意したことを証する情報を提供する。この
同意書には保佐人が印鑑証明書の印を押印し、その印鑑証明書を添
付する（不登令19）。保佐人が法人の場合は、法人の印鑑証明書が必
要である。この印鑑証明書については、有効期限の定めはない（印
鑑証明書は不動産登記令19条の規定により提供するものであり、不
動産登記令17条・18条の規定の適用はない）。
③ 　物件所有者の登記識別情報（不登22）
　　被保佐人が所有する居住用不動産に抵当権を設定する場合におい
て、保佐人が被保佐人を代理して抵当権設定契約を締結するには家
庭裁判所の許可を得なければならないが、家庭裁判所の許可があっ
たときは登記識別情報の提供を要しない（成年後見人の事案として登研
779・119）。
④ 　被保佐人の印鑑証明書（不登令18②）
　　作成後3か月以内のもの（不登令18③）。
⑤ 　保佐人の権限を証する情報（不登令7①二）
　　家庭裁判所によって選任された保佐人であることを証するため
に、後見登記等に関する法律10条の規定に基づく登記事項証明書を
提供する。作成後3か月以内のもの（不登令17①）。

なお、家庭裁判所による保佐人の選任の日から3か月以内に申請がされる場合に限り、その選任の審判に係る審判書の正本または謄本および審判の確定証明書は、保佐人の権限を証する情報とすることができる（成年後見人の事案として登研740・159）。

⑥　代理権限証明情報（不登令7①二）

　登記権利者、登記義務者の代理人によって登記の申請をする場合は、委任状を要する。登記義務者の委任状には、被保佐人が記名押印する（印鑑証明書の印）。

⑦　登記権利者が法人の場合は、会社法人等番号（不登令7①一）。

〔被保佐人による抵当権設定契約書の記名押印〕

抵当権設定契約証書

（抵当権設定者の記名押印欄のみを表示）

住所　〇市〇町〇丁目〇番〇号　❶
抵当権設定者
被保佐人　　　平成太郎　㊞

---

❶　被保佐人が記名押印する。

〔被保佐人が提供する登記の委任状〕

委　任　状

（抵当権設定者の記名押印欄のみを表示）

住所　〇市〇町〇丁目〇番〇号　❶
抵当権設定者
被保佐人　　　平成太郎　㊞

---

❶　被保佐人が記名押印する（印鑑証明書の印）。

第1章　第7　制限行為能力者の抵当権設定行為　　125

4　被補助人

Q54　被補助人

抵当権を設定する不動産の所有者が被補助人であるときは、抵当権設定契約は誰と締結するのか。

A　　抵当権設定契約を締結することが補助人の同意事項として審判で定められていれば、被補助人は補助人の同意を得て、抵当権設定契約を締結することができる。家庭裁判所から抵当権設定契約を締結する代理権を許可された補助人は、被補助人を代理して抵当権設定契約を締結することができる。

被補助人の居住用不動産に抵当権を設定する場合は、家庭裁判所の許可を要することがある。

解　　説

1　被補助人とは

被補助人とは、精神上の障害（認知症・知的障害・精神障害等）により事理を弁識する能力（判断能力）が不十分である者で、家庭裁判所から補助開始の審判を受けた者をいう。ただし、成年被後見人または被保佐人となる原因がある者は、成年後見または保佐の制度を利用することになるので、補助の制度の対象からは除かれる（民15）。

保佐の制度と補助の制度の差異は、判断能力が「著しく不十分である者」は保佐の制度の適用となり、判断能力が「不十分である者」は補助の制度の適用となる。基本的には、この判断の基準は、民法13条1項（後掲2）で規定する重要な法律行為について、自分1人ではこれを適切に行うことができず、常に他人の援助を受ける必要がある状態にあるかどうかという点に帰着するとされる（一問一答　新しい成年後見制

126　第1章　第7　制限行為能力者の抵当権設定行為

度40頁）。

　被補助人には補助人が付される（民16）。家庭裁判所は、被補助人が
一定の法律行為をするについては補助人の同意を要する旨または補助
人に代理権を与える旨の審判をすることができる（民17①・876の9①－詳
細は後掲2および3で記述する）。

　補助制度の対象者の具体例としては、次の例が挙げられる（一問一答
新しい成年後見制度40頁・41頁）。

①　重要な財産行為について、自分でできるかもしれないが、適切に
　　できるかどうか危惧がある（本人の利益のためには、誰かに代わっ
　　てやってもらった方がよい）者

②　いわゆる「まだら呆け」の中で、軽度の者

2　補助人の同意を要する行為

(1)　補助人の同意を要する行為

　被補助人が、民法13条1項で規定する次の①～⑨の法律行為の一部
をするについて、補助人の同意を得なければならない旨の審判があっ
たときは、被補助人が当該法律行為をするためには補助人の同意を得
なければならない（民17①）。同意を要する法律行為は、本人（被補助
人）等の当事者（民17①）の選択により審判で定められる。民法13条1
項で規定する法律行為以外は、同意事項とすることができない。被補
助人による日用品の購入その他日常生活に関する行為については、同
意権を付与することはできない（民17①ただし書・13①ただし書）。

　［民法13条1項で規定する法律行為］

　①　元本の領収、利用

　②　借財、保証

　③　不動産その他重要な財産に関する権利の得喪を目的とする行為

第1章　第7　制限行為能力者の抵当権設定行為　　　127

④　訴訟行為

⑤　贈与、和解、仲裁合意

⑥　相続の承認・放棄、遺産の分割

⑦　贈与の申込み拒絶、遺贈の放棄、負担付贈与の申込みの承諾、
　負担付遺贈の承認

⑧　新築、改築、増築、大修繕

⑨　民法602条に定める期間を超える賃貸借

(2)　同意に代わる家庭裁判所の許可

　補助人が、被補助人の利益を害するおそれがないにもかかわらず同
意をしないときは、被補助人の請求により、家庭裁判所は補助人の同
意に代わる許可を与えることができる（民17③）。

(3)　同意を得ない行為の取消し

　被補助人が、前掲(1)または(2)に掲げる補助人の同意を得なければ
ならない行為について、補助人の同意またはこれに代わる家庭裁判所
の許可を得ないでしたものは、被補助人または補助人が取り消すこと
ができる（民17④）。また、利益相反行為について同意をした臨時補助
人（民876の7③）、補助監督人（民876の8②、851四）も取り消すことができ
る。被補助人から取消権の行使を授権された任意代理人、被補助人の
承継人も取消権者となる（民120①）。なお、被補助人が行為能力者であ
ることを信じさせるため詐術を用いたときは、その行為を取り消すこ
とができない（民21）。

(4)　民法13条1項の全部の法律行為を同意事項とすることの可否

　民法13条1項に規定する法律行為（(1)に掲げる法律行為）の全部を
補助人の同意を要する行為とする審判があっても、この嘱託登記は受
理されない（平21・9・10民一2139）。民法17条1項は、「第13条第1項に規
定する行為の一部に限る」としているからである。

3 補助人の代理権

補助人は、成年後見人のように当然には被補助人を代理する権限を有しない。家庭裁判所は、被補助人、補助人等一定の者（民876の9①）の請求によって、被補助人のために特定の法律行為について、補助人に代理権を付与する旨の審判をすることができる（民876の9）。

代理権の付与は、前掲2(1)に掲げる同意を与えることができる法律行為に限定されず、登記申請や訴訟行為等についてもすることができる。この代理権の付与については、被補助人以外の申立てによる場合は、被補助人の同意を要する（民876の9②・876の4②）。

4 抵当権設定契約

被補助人が所有する不動産に抵当権を設定する場合は、次の方法による。

(1) 設定する不動産が被補助人の居住用不動産である場合

(イ) 補助人の代理による場合

居住用不動産の意味については、Q52 4参照。

補助人が、被補助人を代理して、被補助人の居住用不動産を処分（抵当権を設定）するためには、補助人が家庭裁判所から当該処分行為をすることにつき代理権を付与されていることが必要である。この付与された代理権に基づき、補助人が被補助人を代理して、被補助人の居住用不動産を処分（抵当権を設定）するためには、別途、処分することについての家庭裁判所の許可を要する（民876の10①・859の3、一問一答新しい成年後見制度123頁）。

(ロ) 補助人の同意がある場合

被補助人が、「借財をすること（民13①二）」または「不動産その他重要な財産に関する権利の得喪を目的とする行為をすること（民13①三）」が審判で補助人による同意事項になっている場合において（民17①）、

被補助人が補助人の同意を得て、金銭消費貸借契約および被補助人所有の居住用不動産を目的とする抵当権設定契約を締結するについては、家庭裁判所の許可を要しない。被補助人は、補助人の同意を得て、補助人自ら金銭消費貸借契約および抵当権設定契約を締結することができる。

(2)　設定する不動産が被補助人の居住用不動産以外の場合

（イ）　補助人による代理

被補助人のために特定の法律行為（本例では、被補助人を債務者とする金銭消費貸借契約および被補助人所有の不動産を目的とする抵当権設定契約）について、補助人に代理権を付与する旨の審判があったときは、補助人は、被補助人を代理して、金銭消費貸借契約および抵当権設定契約を締結することができる。

（ロ）　補助人の同意がある場合

被補助人が、自ら、「借財をすること（民13①二）」または「不動産その他重要な財産に関する権利の得喪を目的とする行為をすること（民13①三）」が審判で補助人による同意事項になっている場合において（民17①）、被補助人が補助人の同意を得て、金銭消費貸借契約および被補助人所有の居住用不動産を目的とする抵当権設定契約を締結するためには、補助人の同意を得なければならない（民17①）。

被補助人が補助人の同意を得た場合には、被補助人は、自ら、金銭消費貸借契約および抵当権設定契約を締結することができる。

5　添付情報

被補助人が所有する不動産を目的として抵当権設定登記を申請するためには、(1)（補助人が代理する場合）または(2)（補助人の同意を得た場合）の区別により、次の添付情報を提供しなければならない。

（1）　補助人が被補助人を代理して抵当権設定契約を締結する場合

① 　登記原因証明情報（不登令7①五ロ）

　　被担保債権を特定させるため、その発生原因たる債権契約とその日付（年月日金銭消費貸借契約）、および登記原因・その日付、当事者、不動産等の抵当権設定登記に必要な登記事項（不登59・83①）がすべて記載された抵当権設定契約書（金銭消費貸借契約抵当権設定契約書）が該当する（昭30・12・23民甲2747、記録例360参照）。

　　この契約書の記名押印欄には、補助人が被補助人の代理人である旨を記載し、補助人が記名押印する。

② 　物件所有者の登記識別情報（不登22）

　　被補助人が所有する居住用不動産に抵当権を設定する場合において、補助人が被補助人を代理して抵当権設定契約を締結するには家庭裁判所の許可を得なければならないが、家庭裁判所の許可があったときは登記識別情報の提供を要しない。事前通知も要しない（登研779・119参照）。

③ 　補助人の印鑑証明書（不登令18②）

　　作成後3か月以内のもの（不登令18③）。

④ 　補助人の権限を証する情報（不登令7①二）

　　家庭裁判所によって選任された補助人であること、および家庭裁判所が特定の行為について補助人に代理権を付与したことを証するために、後見登記等に関する法律10条の規定に基づく登記事項証明書を提供する。作成後3か月以内のもの（不登令17①）。

　　なお、家庭裁判所による補助人の選任の日から3か月以内に申請がされる場合に限り、その選任の審判に係る審判書の正本または謄本および審判の確定証明書は、補助人の権限を証する情報とすることができる（成年後見人の事案として登研740・159）。

第1章　第7　制限行為能力者の抵当権設定行為　　131

⑤　被補助人の居住用不動産の処分を許可した家庭裁判所の審判書
　（不登令7①五ハ）

　被補助人の所有する居住用不動産に抵当権を設定登記する場合で
あって、補助人が家庭裁判所で許可された代理権限に基づき、被補
助人を代理して抵当権設定契約を締結したときは、被補助人の所有
する居住用不動産に抵当権を設定することを許可した家庭裁判所の
審判書正本または謄本を提供しなければならない（一問一答　新しい
成年後見制度123頁）。

⑥　代理権限証明情報（不登令7①二）

　登記権利者、登記義務者の代理人によって登記の申請をする場合
は、委任状を要する。補助人が家庭裁判所で許可された代理権限に
基づいて被補助人を代理する場合は、登記義務者の委任状には補助
人が記名押印する（印鑑証明書の印）。

⑦　登記権利者が法人の場合は、会社法人等番号（不登令7①一）

〔補助人による抵当権設定契約書の記名押印〕

抵当権設定契約証書

（抵当権設定者の記名押印欄のみを表示）

　　　　　　住所　○市○町○丁目○番○号
　　　　　　抵当権設定者
　　　　　　　　　　　　　平成太郎
　　　　　　被補助人

　　　　　　上記補助人　❶
　　　　　　住所　○市○町○丁目○番○号
　　　　　　　　　平成一郎　㊞

---

❶　補助人が記名押印する。

132　第1章　第7　制限行為能力者の抵当権設定行為

〔補助人が提供する登記の委任状〕

委　任　状

（抵当権設定者の記名押印欄のみを表示）

　　　　　　　　住所　○市○町○丁目○番○号
　　　　　　　抵当権設定者
　　　　　　　　　　　　　　平成太郎
　　　　　　　被補助人

　　　　　　　上記補助人　❶
　　　　　　　住所　○市○町○丁目○番○号
　　　　　　　　　平成一郎　㊞

---

❶　補助人が記名押印する（印鑑証明書の印）。

　(2)　補助人の同意を得て、被補助人が抵当権設定契約を締結する
　　場合

①　登記原因証明情報（不登令7①五ロ）

　　被担保債権を特定させるため、その発生原因たる債権契約とその
日付（年月日金銭消費貸借契約）、および登記原因・その日付、当事
者、不動産等の抵当権設定登記に必要な登記事項（不登59・83①）がす
べて記載された抵当権設定契約書（金銭消費貸借契約抵当権設定契
約書）が該当する（昭30・12・23民甲2747、記録例360参照）。この契約書
の記名押印欄には、被補助人が記名押印する。

②　補助人の同意があったことを証する情報（不登令7①五ハ）

　　被補助人が金銭消費貸借契約および抵当権設定契約を締結するこ
とについて、補助人が同意したことを証する情報を提供する。この
同意書には補助人が印鑑証明書の印を押印し、その印鑑証明書を添

付する（不登令19）。補助人が法人の場合は、法人の印鑑証明書を提供する。この印鑑証明書については、有効期限の定めはない（印鑑証明書は不動産登記令19条の規定により提供するものであり、不動産登記令17条・18条の規定の適用はない）。

③　物件所有者の登記識別情報（不登22）

被補助人が所有する居住用不動産に抵当権を設定する場合において、補助人が被補助人を代理して抵当権設定契約を締結するには家庭裁判所の許可を得なければならないが、家庭裁判所の許可があったときは登記識別情報の提供を要しない（成年後見人の事案として登研779・119）。

④　被補助人の印鑑証明書（不登令18②）

作成後3か月以内のもの（不登令18③）。

⑤　補助人の権限を証する情報（不登令7①二）

家庭裁判所によって選任された補助人であることを証するために、後見登記等に関する法律10条の規定に基づく登記事項証明書を提供する。作成後3か月以内のもの（不登令17①）。

なお、家庭裁判所による補助人の選任の日から3か月以内に申請がされる場合に限り、その選任の審判に係る審判書の正本または謄本および審判の確定証明書は、補助人の権限を証する情報とすることができる（成年後見人の事案として登研740・159）。

⑥　代理権限証明情報（不登令7①二）

登記権利者、登記義務者の代理人によって登記の申請をする場合は、委任状を要する。登記義務者の委任状には、被補助人が記名押印する（印鑑証明書の印）。

⑦　登記権利者が法人の場合は、会社法人等番号（不登令7①一）

134   第1章　第7　制限行為能力者の抵当権設定行為

〔被補助人による抵当権設定契約書の記名押印〕

抵当権設定契約証書

（抵当権設定者の記名押印欄のみを表示）

　　　　　　　　住所　　○市○町○丁目○番○号　　❶
　　　　　　　　抵当権設定者
　　　　　　　　被補助人　　　　　平成太郎　　㊞

❶　被補助人が記名押印する。

〔被補助人が提供する登記の委任状〕

委　任　状

（抵当権設定者の記名押印欄のみを表示）

　　　　　　　　住所　　○市○町○丁目○番○号　　❶
　　　　　　　　抵当権設定者
　　　　　　　　被補助人　　　　　平成太郎　　㊞

❶　被補助人が記名押印する（印鑑証明書の印）。

第1章　第8　会社の利益相反取引　　135

第8　会社の利益相反取引

1　株式会社

> ### Q55　決議機関
>
> 　取締役と株式会社との取引が利益相反取引となる場合、その承認機関および決議方法を説明せよ。特例有限会社の場合はどうか。

　A　　承認機関は、取締役会設置会社では取締役会、取締役会設置会社でない株式会社では株主総会となる。特例有限会社は取締役会設置会社でない株式会社であるから、株主総会が承認機関となる。

解　　説

1　取締役会設置会社の場合

(1)　取締役会の決議

　取締役は、①取締役が自己または第三者のために株式会社と取引をしようとするとき、または、②株式会社が取締役の債務を保証することその他取締役以外の者との間において株式会社と当該取締役との利益が相反する取引をしようとするときは、取締役会の承認を受けなければならない（会社356①二・三・365①）（以下、前掲①②の取引を「利益相反取引」という）。

　利益相反取引の承認の決議は、議決に加わることができる取締役の過半数（これを上回る割合を定款で定めた場合にあっては、その割合以上）が出席し、その過半数（これを上回る割合を定款で定めた場合にあっては、その割合以上）をもって行う（会社369①）。この決議につ

いて特別の利害関係を有する取締役は、議決に加わることができない（会社369②）。

(2) 取締役会を開催しないで決議

取締役会設置会社は、定款で定めることにより、取締役が取締役会の決議の目的である事項について提案をした場合において、当該提案につき取締役（当該事項について議決に加わることができるものに限る）の全員が書面または電磁的記録により同意の意思表示をしたとき（監査役設置会社にあっては、監査役が当該提案について異議を述べたときを除く）は、当該提案を可決する旨の取締役会の決議があったものとみなすことができる（会社370）。

2 取締役会設置会社でない株式会社の場合

(1) 株主総会の決議

取締役は、前掲1(1)の①または②の利益相反取引をしようとするときは、株主総会において、当該取引につき重要事項を開示し、その承認を受けなければならない（会社356①二・三）。

この株主総会の決議は普通決議であり、定款に別段の定めがある場合を除き、議決権を行使することができる株主の議決権の過半数を有する株主が出席し、出席した当該株主の議決権の過半数をもって行う（会社309①）。

利益相反取引の当事者となる株主である取締役は、株主総会で議決権を行使することができる。昭和56年法律74号の改正商法により、株主総会では、株主の利害関係の有無を問わず、株主は議決権を行使することができるようになった。ただし、利害関係人の議決権行使によって著しく不当な決議がされたときは、決議取消し（株主総会決議取消しの訴え）の対象となる（会社831①三）。

第1章　第8　会社の利益相反取引　　137

(2)　株主総会を開催しないで決議

　取締役または株主が株主総会の目的である事項について提案をした場合において、当該提案につき株主（当該事項について議決権を行使することができるものに限る）の全員が書面または電磁的記録（会社26②）により同意の意思表示をしたときは、当該提案を可決する旨の株主総会の決議があったものとみなされる（会社319①）。

3　特例有限会社の場合

　特例有限会社（会社法の施行に伴う関係法律の整備等に関する法律（会社整備法）の施行［平成18年5月1日施行］の際現存する有限会社）は、取締役会設置会社でない株式会社とされているから（会社整備法17①）、利益相反取引の承認は株主総会の普通決議によって行う（会社309①）。

Q56　代表取締役の議決権

　債務者甲株式会社と担保提供者乙株式会社の代表取締役が同一Aの場合、利益相反取引を承認する乙株式会社の取締役会で、代表取締役は議決権を行使できるか。

A　　　代表取締役Aは、利益相反取引を承認する乙株式会社の取締役会で議決権を行使することができる。

解　説

　債務者甲株式会社（以下「甲会社」という。）と担保提供者乙株式会社（以下「乙会社」という。）の代表取締役が同一Aの場合、Aが両社を代表して取引をすることは利益相反取引に該当する。しかし、この

取引は甲会社と乙会社の会社間のものであり、代表取締役Ａ自身が乙
会社と取引をするわけではない。したがって、代表取締役Ａは、「特別
の利害関係を有する取締役」に該当しないので、利益相反取引の承認
決議をする乙会社の取締役会で議決権を行使することができる。登記
の申請については、利益相反取引を承認した乙会社の取締役会議事録
の提供を要する（昭34・3・31民甲669、昭37・6・27民甲1657、昭41・8・10民
甲1877、Ｑ＆Ａ210選326頁参照）。

Q57　利益相反取引となる例

　抵当権設定契約をするにつき、取締役と株式会社とが利益相反
取引となる例を示せ。

A　　抵当権設定契約を締結するにつき、取締役と株式会社とが
　　　利益相反取引となる主な例は次のとおりである（以下の例で
は、「株式会社」を「会社」と記載する）。

① 　会社所有の不動産に、代表取締役個人の債務のために抵当権を
　設定する場合（根抵当権の事案として、登研352・104）。

② 　代表取締役Ａを債務者として、Ａが代表取締役である会社所有
　の不動産に抵当権を設定する場合（昭28・10・1民甲1333）。

③ 　会社と代表取締役個人が連帯債務者で、会社の不動産に抵当権
　を設定すること（昭29・7・5民甲1395）。

④ 　甲会社・乙会社の代表取締役がＡである場合に、債務者を甲会
　社として、乙会社所有の不動産に抵当権を設定する場合（昭35・8・
　4民甲1929、根抵当権設定の事案として、昭52・3・16民三1620）。

⑤ 　代表取締役が同じである甲会社・乙会社の債務を、甲会社所有
　の工場財団に抵当権を設定する場合（昭38・11・5民甲3062）。

第1章　第8　会社の利益相反取引　　139

⑥　取締役全員が連帯債務者となり、会社所有の不動産に抵当権を設定することは利益相反取引となるが、全員が利害関係を有するために承認決議をすることができず、抵当権を設定することもできない（昭29・7・6民甲1394）。

⑦　乙会社が、取締役会の構成員を同じくする甲会社のために物上保証人となって抵当権を設定する場合、乙会社の取締役会の承認（取締役会設置会社の場合）については、各取締役は議決権を行使することができる（昭41・8・10民甲1877、昭34・3・31民甲669参照）。本事例の場合は、債務者が第三者（甲会社）の事例であり⑥の事例とは異なっている。

Q58　利益相反取引にならない例

抵当権設定契約を締結するにつき、取締役と株式会社とが利益相反取引とならない例を示せ。

A　　抵当権設定契約を締結するにつき、利益相反取引の承認を要しないとされた事例は次のとおりである（昭41・6・8民三397）。以下、甲株式会社を「甲会社」という。

①　債務者を甲会社として、代表取締役A所有の不動産および甲会社所有の不動産に抵当権を設定する場合

②　債務者を甲会社、保証人を代表取締役Aとして、甲会社所有の不動産について抵当権を設定する場合

③　債務者を甲会社として、代表取締役A所有の不動産に抵当権を設定する場合

④　甲会社と代表取締役Aを連帯債務者として、代表取締役A所有の不動産に抵当権を設定する場合

2 持分会社

Q59 承認機関

持分会社においては、利益相反取引は誰が承認するのか。

A　利益相反取引となるときは、業務を執行する社員は、当該取引について他の社員の過半数の承認を受けなければならない。

解　説

持分会社における利益相反取引の制限は、業務を執行する社員についての規制とされている。業務を執行する社員は、次の①または②の場合には、当該取引について当該社員以外の社員の過半数の承認を受けなければならない。ただし、定款に別段の定めがある場合は、その定めに従う（会社595①）。

① 業務を執行する社員が自己または第三者のために持分会社と取引をしようとするとき

② 持分会社が業務を執行する社員の債務を保証することその他社員でない者との間において持分会社と当該社員との利益が相反する取引をしようとするとき

第2章　抵当権変更・更正の登記

142

第2章 第1 債権額の変更　　143

第1　債権額の変更

Q60　異なる債権契約と債権額の増額

金2,000万円の貸金債権を担保するために抵当権設定登記をしているところ、新たに1,000万円を貸増ししたために、設定登記の債権額を2,000万円から3,000万円に変更登記できるか。

A　　債権額の変更登記はできない。1,000万円についての抵当権を別途設定登記することになる。

解　説

1　増額登記の可否

　債権者Aが債務者Bに対する貸付金2,000万円を担保するために債権額金2,000万円の抵当権設定登記をしているところ、更に別個の新たな金銭消費貸借契約によりAがBに対して1,000万円を貸し付けた（貸増しした）場合、この1,000万円の債権を担保するために、既設定の2,000万円の抵当権の債権額を3,000万円に増額する変更登記はすることができない（明32・11・1民刑1904）。

　抵当権は特定の債権を担保するものであり、その債権に付従性を有する（抵当権は、特定の債権の存在を前提として成立するというもの）。本設問の場合、2,000万円と1,000万円の金銭消費貸借契約は別個のものであり、既に登記されている2,000万円の抵当権が後から発生した1,000万円の債権に付従性を有することはない。したがって、1,000万円の債権を担保するためには、新たに抵当権設定契約を締結した上で抵当権設定登記を申請しなければならない。

〔貸増しと抵当権設定登記〕

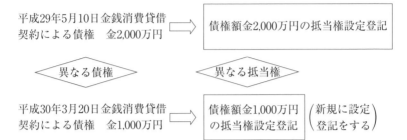

2　2つの債権を1個の抵当権で担保

　本設問において最初の金銭消費貸借契約2,000万円が未登記の場合には、この2,000万円の債権と新たに締結した金銭消費貸借契約による1,000万円を被担保債権として、1個の抵当権を設定登記することができる（記録例372・373）。

Q61　同一債権契約に係る増額・減額

　被担保債権額金5,000万円のうち、金3,000万円を担保するために債権額金3,000万円の抵当権を設定登記済のところ、これを金5,000万円を担保する抵当権に変更登記できるか。
　また、債権額金5,000万円を担保する抵当権設定登記を、債権額金3,000万円を担保する抵当権に変更登記できるか。

A　　被担保債権は同一であるから、債権額を増額する変更登記をすることができる。債権額の減額についても変更登記をすることができる。

解　説

　抵当権の被担保債権額（金5,000万円）の一部（金3,000万円）を担保する抵当権の設定登記後に、抵当権設定契約の変更契約によって被担保債権額を金5,000万円とした場合には、単に優先弁済の範囲を変更したにすぎず被担保債権の同一性は保たれているので、債権額を金5,000万円に増額する抵当権の変更登記はすることができる（記録例397）。

　債権額金5,000万円を担保する抵当権の登記を、債権額金3,000万円を担保する抵当権に変更する登記についても被担保債権の同一性は保たれているので、債権額を金3,000万円とする変更登記はすることができる。

　なお、抵当権の変更登記を申請するに際して登記上の利害関係を有する第三者がある場合には（例：債権額の増額登記をする場合における後順位抵当権者）、当該第三者の承諾を証する情報を提供したときに限り、付記登記によって変更登記をすることができる（不登66）。

〔増額の変更登記〕

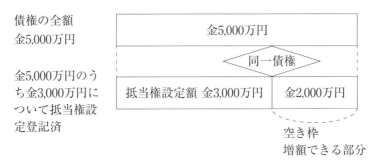

〔減額の変更登記〕

債権の全額
金5,000万円の
抵当権設定登
記済

金5,000万円を
金3,000万円に
減額する変更

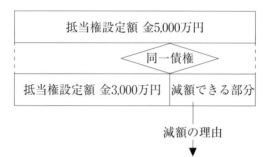

減額の理由
①金2,000万円を弁済した。
②金5,000万円のうち、金3,000万円の
みを担保する抵当権に変更した。

第2　利息等の変更・更正

> ## Q62　利息の変更
> 　既に設定登記がされている抵当権の利息を変更することができるか。

　A　　利息の変更登記をすることができる。利息の変更登記をするについて利害関係を有する第三者がある場合には、その第三者の承諾を得たときは付記登記によって利息の変更登記をすることができる。

［解　説］

1　利息の変更登記と利害関係人の承諾

　既に設定登記がされている抵当権の利息を、増加または減少する変更登記をすることができる。ただし、その変更登記をするについて、登記上の利害関係を有する第三者が存する場合には、①当該利害関係を有する第三者が作成した承諾を証する情報、または、②当該第三者に対抗することができる裁判があったことを証する情報を提供しなければならない（不登令別表25項添付情報欄ロ）。「裁判があったことを証する情報」（裁判書）は、判決による登記（不登令7①五ロ(1)）と異なり、裁判書の正本に限られず、裁判書の謄本で足りる（逐条不動産登記令207頁）。

　前記①または②の第三者の承諾を証する情報の提供があったときは、利息の変更登記は付記登記ですることができるが（不登66）、提供されないときは主登記ですることになる。

　利息を増加する場合の利害関係人としては、後順位抵当権者、抵当

148　　第2章　第2　利息等の変更・更正

不動産の差押債権者、当該抵当権の後順位で登記された所有権に関する仮登記権利者等が該当する。また、利息を減少する場合の利害関係人としては、抵当権の処分を受けた受益者（転抵当権者、抵当権の譲渡・放棄、順位の譲渡・放棄を受けた者）、抵当権の被担保債権の差押債権者等が該当する。

2　抵当権の追加設定と利息の相違

　抵当権の追加設定登記を申請する場合において、当初の抵当権設定登記後に利息の変更契約があったときは、当初の抵当権設定登記の利息の変更登記をすることなく、追加設定登記の申請をすることができる（→Q38）。

Q63　年365日日割計算の追加

　損害金「年14.5％」と登記されているものを、「年14.5％（年365日日割計算）」と更正登記できるか。

A　　更正登記することができる。登記上の利害関係を有する第三者がある場合に、その者の承諾情報を提供できれば付記登記で更正できる。

解　説

　抵当権設定登記の損害金の定めが「年14.5％」と登記されているものを「年14.5％（年365日日割計算）」と更正する更正登記は、抵当権者が登記権利者、抵当権設定者が登記義務者となって申請する（登研406・91）。なお、更正登記を申請するにつき後順位抵当権者等の登記上

第2章　第2　利息等の変更・更正　　149

の利害関係人が存在するときは、申請情報と併せて当該利害関係人の承諾情報（印鑑証明書付）が提供されたときは付記登記によることができる（不登66）。

> Q64　利息の特別の登記
> 　利息の特別登記とは、どのような変更登記か。

A　　「満期となった最後の2年分」より前の利息・損害金についても、満期後に「特別の登記」をした場合には、その登記した延滞利息・損害金についても優先弁済を受けることができる。

| 解　説 |

1　「最後の2年分」を超える利息・損害金の担保

　抵当権者は、利息、損害金その他の定期金（例：賃借料、小作料）を請求する権利を有するときは、後順位抵当権者や一般債権者がいる場合には、「満期となった最後の2年分」のみ抵当権を行使することができる（民375）。

　ただし、「満期となった最後の2年分」より前の利息・損害金についても、満期（弁済期到来）後に「特別の登記」をした場合には、その登記した延滞利息・損害金についても優先弁済を受ける（抵当権を行使する）ことができる（民375①ただし書）。

　抵当不動産の所有権登記名義が債務者ではなく、物上保証人または第三取得者であるときは、「特別の登記」に係る延滞利息・損害金について担保する旨の物上保証契約の成立があってはじめて「特別の登記」ができる（Q65の記録例400（注）2参照）。

満期後に「特別の登記」をすることにより、例えば、延滞利息が3年分溜まっているときは、抵当権者は「満期となった最後の2年分」のほかに、それより前の1年分についても抵当権を行使することができる。

なお、1番抵当権者A（延滞利息3年分未払い）、2番抵当権者Bが登記されている場合に、AがBの抵当権設定登記後に利息が溜まったといって「特別の登記」をしても、AはBに優先して「満期となった最後の2年分」の延滞利息の弁済を受けることができるが、2年より前の1年分についてはBに後れることとなり、抵当権を行使することはできない。「特別の登記」後に登記した抵当権者に対しては、Aは3年分を全部対抗することができる。

「特別の登記」の申請手続については、Q65に記述する。

〔利息の特別登記〕

> （例） 元本債権3,000万円、延滞利息年2％で3年分の利息180万円が支払われていない場合

① 「利息の特別登記」をしない場合

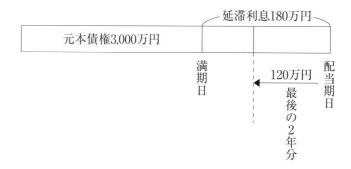

② 「利息の特別登記」をした場合

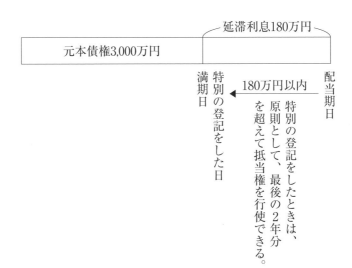

2 「利息の特別登記」と「利息の元本組入れ」（重利）との違い

「利息の特別登記」は、元本債権のみを担保する抵当権について、債権額を元本債権と利息債権の合計額とするものであり、延滞利息にさらに利息が発生するものではなく、元本債権額が増加することはない。これに対し、「利息の元本組入れ」は、延滞利息を元本に組み入れることにより元本債権額が増加することとなり、組み入れた延滞利息にさらに利息を発生させるもの（重利）である。

Q65 利息の特別登記の申請手続
「利息の特別登記」は、どのような申請手続で行うのか。

A 「利息の特別登記」は、抵当権の変更登記として取り扱われる。この変更登記をするについて、登記上の利害関係を有

する第三者が存する場合には、当該第三者の承諾があれば付記登記によって変更登記を行うことができる。

解　説

1　登記の形式

「利息の特別登記」は優先弁済権の範囲を拡張するものであり、抵当権の変更登記の一種である。この変更の登記を申請するにつき、登記上の利害関係を有する第三者（例：後順位抵当権者）がある場合に、当該利害関係人の承諾を証する情報を提供したときは付記登記により登記がなされるが、承諾を証する情報を提供することができないときは主登記で登記がなされる（昭27・4・8民甲396、昭30・1・7民甲2731）。

2　申請情報・添付情報

「利息の特別登記」の申請情報および添付情報は、次のとおりである。

登　記　申　請　書

登記の目的　○番抵当権の利息の特別登記（付記）　❶
原　　　因
　　　＜債務者と抵当権設定者が同一の場合＞　❷
　　　　平成27年4月1日から平成30年3月31日までの利息延滞
　　　＜物上保証の場合＞　❸
　　　　平成○年○月○日から平成○年○月○日までの利息の担保
　　　契約
延滞利息　金180万円　❹
権　利　者　○市○町○丁目○番地　❺
　　　　　　　　A
義　務　者　○市○町○丁目○番地　❻
　　　　　　　　B

第2章　第2　利息等の変更・更正　　　153

```
添 付 情 報  ❼
       登記原因証明情報     登記識別情報     印鑑証明書
       承諾証明情報     会社法人等番号     代理権限証明情報
課 税 価 格  金○万円  ❽
登録免許税  金○円  ❾
 （以下省略）
```

❶　「利息の特別登記」は、抵当権の変更登記の一種であるが、抵当権の変更登記
そのものではないので「○番抵当権変更」としない。

❷　債務者と抵当権設定者が同一の場合の表記方法である。本例は、平成30年4
月1日に抵当権者と抵当権設定者（兼債務者）との間で、平成27年4月1日から平
成30年3月31日までの延滞利息180万円について、「特別の登記」をすることとな
った場合の例である。

❸　債務者と抵当権設定者とが異なる場合（物上保証の場合）の例である。物上
保証の場合において、最後の2年分より前の利息・損害金を担保するためには、
抵当権者と抵当権設定者（物上保証人）との間で延滞利息を当該抵当権で担保
する旨の新たな物上保証契約を締結しなければならないので、「平成○年○月
○日から平成○年○月○日までの利息の担保契約」と記載する（記録例400の
(注)2参照）。

❹　延滞利息の額。

❺　抵当権者。

❻　抵当権設定者。

❼①　登記原因証明情報（不登61）

　　　民法375条1項ただし書の利息の特別の登記をする事実（権利の内容（当該
抵当権の受付年月日番号・順位番号）、当事者、不動産、登記原因の発生（利
息の延滞））を記載した報告形式の書面を作成する。物上保証の場合に、抵当
権者と物上保証人との利息の担保契約を原因とするときは、当事者、不動産
等の記載があって登記原因証明情報としての要件を満たしていれば、担保契
約書を登記原因証明情報とすることもできる。

② 承諾証明情報（不登66）

後順位抵当権者等の登記上の利害関係を有する第三者が存在するときは承諾を証する情報（印鑑証明書付。法人のときは会社法人等番号も提供）または当該第三者に対抗することができる裁判があったことを証する情報を提供する（不登令別表25項添付情報欄ロ）。

❽ 延滞利息の額（登税12①）（1,000円未満切捨て（税通118①））。

❾ ❽の1000分の4（登税別表一・一・（五））（100円未満切捨て（税通119①））。

＜民法375条1項ただし書の特別の登記（記録例400参照）＞

付記1号が、民法375条1項ただし書の規定による特別の登記である。

1	抵当権設定	平成○年○月○日第○号	原因　平成○年○月○日金銭消費貸借同日設定 債権額　金○万円 利息　年○％ 損害金　年○％ 債務者　○市○町○丁目○番地 　　　　B 抵当権者　○市○町○丁目○番地 　　　　A
付記1号	1番抵当権の利息の特別登記	平成○年○月○日第○号	原因　平成27年4月1日から平成30年3月31日までの利息延滞 延滞利息　金180万円

(注)1　登記上の利害関係人が存する場合には、その者が承諾したことを証する情報を提供したときに限り、付記登記による。

　　2　登記義務者が債務者でない場合（物上保証人）には、「平成○年○月○日から平成○年○月○日までの利息の担保契約」と記録する。

第3 債務者の変更

1 相続による債務者の変更

> ### Q66 債務者の死亡①-債務承継登記
>
> 抵当権の債務者が死亡した場合に、相続人の1人が他の相続人が相続した被担保債務を引き受けるためには、どのような登記をすべきか。

A　相続人全員は、債権者（抵当権者）の同意を得て、債務の承継者を遺産分割協議で定めることができる。この場合は、債務の承継者のみを債務者とする変更登記をすることができ、共同相続人全員を債務者とする変更登記はする必要がない。

債務の承継者を定める遺産分割協議がされていないときは、共同相続人全員を債務者とする変更登記をしなければならない。その後に、債務引受の変更登記をすることになる。

解　説

抵当権の債務者甲に相続が発生したことによる債務者の変更登記は、次の1または2の区分に応じた方法による（昭33・5・10民甲964）。

1 遺産分割協議で特定の相続人が債務を引き受けた場合

抵当権の債務者に相続が開始すると、その債務者が負担していた被担保債務（以下「相続債務」という）は、相続人全員（相続放棄者、欠格者、被廃除者を除く）が法定相続分に応じて承継する（民899）。各相続人が負担する相続債務を特定の共同相続人が引き受けるには、次の(1)または(2)の方法による。

(1) 共同相続人全員を債務者とする抵当権の債務者の変更登記がされていない場合

（イ）債権者の承諾ある遺産分割協議に基づく債務者の変更登記

共同相続人A・B全員を債務者とする抵当権の債務者の変更登記がされていない場合において、共同相続人A・B中のAが、債権者の承諾を得て、遺産分割協議により、抵当権で担保されている亡債務者甲の債務を引き受けたときは、Aは、遺産分割協議の遡及効により（民909）、亡債務者甲の相続開始の時にさかのぼって甲の抵当債務を承継する。

債権者の承諾を得て債務引受者を定めた遺産分割協議によった場合は、共同相続人全員の相続による債務者の変更登記を経ることなく、相続人Aを債務者とする変更登記をすることができる（昭33・5・10民甲964）。

〔抵当権の被担保債権の相続による承継の登記手順〕

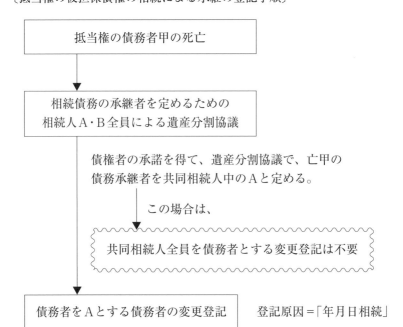

第2章　第3　債務者の変更　　157

　（ロ）　申請情報・添付情報
　債権者の承諾を得た遺産分割協議により、共同相続人中の1人Ａを
債務者とする債務者の変更登記の申請情報および添付情報は次のよう
になる。

登 記 申 請 書

登記の目的　　何番抵当権変更　❶

原　　　因　　平成○年○月○日相続　❷

変更後の事項　❸

　　　　債務者　○市○町○丁目○番地

　　　　　　　　Ａ

権　利　者　○市○町○丁目○番○号　❹

　　　　　　株式会社Ｃ銀行

　　　　　　（会社法人等番号　○○○○－○○－○○○○○○）

　　　　　　　代表取締役　Ｄ

義　務　者　○市○町○丁目○番地　❺

　　　　　　　Ａ

添 付 情 報　❻

　　　　登記原因証明情報　　登記識別情報　　会社法人等番号

　　　　代理権限証書

（以下省略）

---

❶　変更すべき抵当権を特定する。

❷　債務者の死亡の日。

❸　本例は、債権者の承諾を得て、遺産分割協議により共同相続人中のＡが債務
　を引き受けた場合の例である。

❹　抵当権者。

158　　第2章　第3　債務者の変更

❺　抵当権設定者。

❻　登記原因証明情報（不登61）

　被相続人の出生から死亡までの除戸籍謄本、相続人の戸籍謄抄本が該当する。相続放棄者があるときは相続放棄申述受理証明書も提供する。債権者の承諾を得て遺産分割協議によって債務引受者を定めた場合は、遺産分割協議書も提供しなければならないが、債権者は当該変更登記の申請人（権利者）となるから、遺産分割についての債権者の承諾を証する情報は不要である。

（参考）　抵当権の変更登記には、登記義務者の印鑑証明書を要しない（不登規47三イ(1)、昭30・5・30民甲1123）。ただし、登記識別情報を提供することなく事前通知または資格者代理人による本人確認情報（不登23）により申請する場合は、登記義務者の印鑑証明書の提供を要する（不登規48①・49②）。

＜登録免許税＞

　不動産1個につき1,000円（登税別表一・一・（十四））。

＜共同相続人の1人が遺産分割により、債権者の承認を得て債務を引き受けた場合（記録例410参照）＞

1	抵当権設定	平成○年○月○日第○号	原因　平成○年○月○日金銭消費貸借同日設定 債権額　金○万円 利息　年○% 損害金　年○% 債務者　○市○町○丁目○番地 　甲 抵当権者　○市○町○丁目○番○号 　株式会社Ｃ銀行
付記1号	1番抵当権変更	平成○年○月○日第○号	原因　平成○年○月○日相続 債務者　○市○町○丁目○番地 　A

第2章　第3　債務者の変更　　　　159

(2)　共同相続人全員を債務者とする抵当権の債務者の変更登記が
　　されている場合

　共同相続人全員（A・B）を債務者とする抵当権の債務者の変更登
記がされた後に、債権者の同意を得て、遺産分割協議で特定の相続人
Aが債務を引き受けた場合、その債務者の変更登記の原因は「年月日
遺産分割」である（不動産登記書式精義中(一)783頁）。

2　遺産分割協議によらない場合

　債務者に相続が開始した場合には、相続人は法定相続分の割合によ
り債務を承継する（民896・899）。遺産分割協議で抵当権の被担保債務
を承継する者を定めなかった場合において、共同相続人A・Bのうち
Aを債務の承継者とするためには、まず、①「年月日相続」を原因と
して、抵当権の債務者を共同相続人全員（A・B）とする変更登記を
する（昭33・5・10民甲964）。

　前記①の変更登記をしたうえで、②債権者との債務引受契約（免責
的債務引受）により、または、債権者の同意を得て、共同相続人間の
債務引受契約（免責的債務引受）に基づき「年月日Bの債務引受」を
原因とする抵当権の債務者の変更登記をする（昭33・5・10民甲964、不動
産登記書式精義中(一)783頁参照）。なお、共同相続人がA・B・Cの場合
に、AがB・Cの債務を引き受けたときは、登記原因を「年月日B及
びCの債務引受」とする。

〔2-1：亡債務者の債務について遺産分割協議がされていないために相続
　人全員を債務者とする申請情報・添付情報〕

登　記　申　請　書

登記の目的　　何番抵当権変更　❶
原　　　因　　平成○年○月○日相続　❷

変更後の事項　❸
　　　債務者　○市○町○丁目○番地
　　　　　　　A
　　　　　　　○市○町○丁目○番地
　　　　　　　B
　　権　利　者　○市○町○丁目○番○号　❹
　　　　　　　株式会社C銀行
　　　　　　　（会社法人等番号　○○○○－○○－○○○○○○）
　　　　　　　代表取締役　D
　　義　務　者　○市○町○丁目○番地　❺
　　　　　　　A
　　添 付 情 報　❻
　　　　　登記原因証明情報　　登記識別情報　　会社法人等番号
　　　　　代理権限証書
　　（以下省略）

❶　変更すべき抵当権を特定する。

❷　債務者の死亡の日。

❸　遺産分割協議により亡債務者の抵当権で担保されている債務を引き受ける相続人を定めなかった場合には、亡債務者の共同相続人全員を記載する。亡債務者の債務は、法定相続分に従って共同相続人全員に当然に分割承継される（大決昭5・12・4民集9・1118）。各相続人の持分の記載は要しない。亡債務者の債務は共同相続人各自に分割承継されるので、債務者の表示は「連帯債務者」としないで「債務者」とする。

❹　抵当権者。

❺　抵当権設定者。

❻　登記原因証明情報（不登61）

　　　被相続人の出生から死亡までの除戸籍謄本、相続人の戸籍謄抄本が該当する。相続放棄者があるときは相続放棄申述受理証明書も提供する。

第2章　第3　債務者の変更　　　161

(参考)　抵当権の変更登記には、登記義務者の印鑑証明書を要しない（不登規47三イ(1)、昭30・5・30民甲1123）。ただし、登記識別情報を提供することなく事前通知または資格者代理人による本人確認情報（不登23）により申請するときは、登記義務者の印鑑証明書の提供を要する（不登規48①・49②）。

＜登録免許税＞

　不動産1個につき1,000円（登税別表一・一・（十四））。

〔2—2：相続人中の1人が債務を引き受けた場合の申請情報・添付情報〕

登　記　申　請　書　❶

登記の目的　　何番抵当権変更　❷

原　　　因　　平成○年○月○日Bの債務引受　❸

変更後の事項　❹

　　　債務者　○市○町○丁目○番地

　　　　　　　A

権　利　者　　○市○町○丁目○番○号　❺

　　　　　　　株式会社C銀行

　　　　　　　（会社法人等番号　○○○○—○○—○○○○○○）

　　　　　　　代表取締役　D

義　務　者　　○市○町○丁目○番地　❻

　　　　　　　A

添　付　情　報　❼

　　　登記原因証明情報　　登記識別情報　　会社法人等番号

　　　代理権限証書

（以下省略）

---

❶　前掲2—1の変更登記をした後に、この変更登記を申請する。

❷　変更すべき抵当権を特定する。

162　　第2章　第3　債務者の変更

❸　AがBの債務を引き受ける場合において、債務引受の契約が成立した日を掲げる。なお、共同相続人がA・B・Cの場合において、AがB・Cの債務を引き受けたときは「年月日B及びCの債務引受」とする。

❹　債務を引き受けたAを記載する。

❺　抵当権者。

❻　抵当権設定者。

❼　登記原因証明情報（不登61）

　　当事者、目的不動産等登記原因証明情報としての要件を具備した免責的債務引受契約情報（免責的債務引受契約書）が該当する。

（参考）　抵当権の変更登記には、登記義務者の印鑑証明書を要しない（不登規47三イ(1)、昭30・5・30民甲1123）。ただし、登記識別情報を提供することなく事前通知または資格者代理人による本人確認情報（不登23）により申請するときは、登記義務者の印鑑証明書の提供を要する（不登規48①・49②）。

＜登録免許税＞

　　不動産1個につき1,000円（登税別表一・一・（十四））。

＜共同相続人全員の債務承継の変更の登記後、引受相続人に債務者を変更する場合（記録例411参照）＞

| 1 | 抵当権設定 | 平成○年○月○日
第○号 | 原因　平成○年○月○日金銭
　　　消費貸借同日設定
債権額　金○万円
利息　年○％
損害金　年○％
債務者　○市○町○丁目○番
　　　　地
　　甲
抵当権者　○市○町○丁目○
　　　　　番○号
　　　　株式会社Ｃ銀行 |

付記1号	1番抵当権変更	平成○年○月○日 第○号	原因　平成○年○月○日相続 債務者　○市○町○丁目○番 　　　　地 　　　　A 　　　　○市○町○丁目○番地 　　　　B
付記2号	1番抵当権変更	平成○年○月○日 第○号	原因　平成○年○月○日Bの 　　　　債務引受 債務者　○市○町○丁目○番 　　　　地 　　　　A

Q67　債務者の死亡②－変更の期間

相続による抵当権の債務者を変更できる期間は制限があるか。

A　　制限はない。

解　　説

　相続による抵当権の債務者の変更登記が申請できる期間については、民法、不動産登記法上の制限はない。なお、根抵当権の場合には、元本確定前の根抵当権の指定債務者の合意については、相続開始後6か月以内に登記をしなければならないという制約がある（民398の8④）。

2 一般的な債務引受契約による債務者の変更

(1) 免責的債務引受による債務者の変更

Q68　免責的債務引受

　抵当権付債務について、免責的債務引受がされたときは、引受人（新債務者）の債務を当該抵当権で担保することができるか。

A　　　引き受けられる債務が抵当権で担保されているときは、担保提供者の同意がなければ抵当権は消滅する。ただし、債務者が担保提供者であるときの抵当権の消滅については、学説が分かれている。

解　　説

1　債務引受契約の形態

　債務引受とは、債務を引き受ける形態により、免責的債務引受と重畳的（併存）債務引受とがある。特定の債務について、債務の同一性を失わせないで、引受人（新債務者）に移転させる契約を免責的債務引受契約という。これに対して、債権者Aと原債務者（本来の債務者）Bとの債権関係につき、併存的債務引受人Cが、債権者Aに対してBの債務と同一の債務を負担する契約を重畳的債務引受契約という。免責的債務引受契約、重畳的債務引受契約以外の債務引受形態として履行引受がある。履行引受とは、引受人が債務者に対して債務者の債務を履行することを約する、債務者・引受人間の契約をいう。この形態では、債権者は、引受人に対して債権を有するわけではない。

　民法では債務引受に関する規定はないが（根抵当権の規定において「債務の引受け」という文言は用いられている（民398の7②））、判例（大

判大10・5・9民録27・899、最判昭41・12・20判時475・33)、学説（我妻・債権総論510頁）および登記実務（記録例408・409）のいずれもが認めるところであり、取引実務においても債務引受契約は使用されている。

債務引受には、次の3つの形態がある。

①	免責的債務引受	・従前の債務者が債務を免れ、引受人のみが債務を負担する。 ・抵当権の債務者の変更登記を申請することができる。
②	重畳（併存）的債務引受	・従前の債務者は債務を負担したままで、引受人が同一債務を併存的に負担する。判例は、重畳的債務引受がなされた場合には、特段の事情がない限り、従前の債務者と引受人との間に連帯債務関係が生ずるとしている（最判昭41・12・20判時475・33）。 ・抵当権の債務者の変更登記を申請することができる。
③	履行引受	・引受人は、債務者に対して債務の履行義務を負うものであり、直接債権者に債務を負うことはない。 ・債務者に変更がないので、抵当権の債務者の変更登記を申請することはできない。

2　免責的債務引受と抵当権の存続

抵当権で担保されている債務が免責的債務引受された場合、従来の債務者から引受人が引き受けた債務は、従来の債務者の債務を担保していた抵当権で担保することができるか、という問題点がある。

① 債務者が担保提供している場合

学説が分かれる（奥田・債権総論474頁）。第一説は、担保提供者が債

務の引受契約当事者であるときは、抵当権は無条件に存続するという見解である（我妻・債権総論571頁）。第二説は、設定者（債務者）が免責的債務引受に積極的に関与したときは、抵当権は存続するが、債権者と引受人間の契約で債務引受がされたときは、債務者を除いて契約したことのリスクは債権者が負担するべきであり、抵当権は消滅するという見解である（潮見・債権総論595頁）。

　なお、免責的債務引受と抵当権の存続については、改正民法で条文が設けられているのでQ71参照。

② 第三者が担保提供している場合

　債務者でない者が担保提供しているときは、その担保提供が従来の債務者と担保提供者との個人的信頼関係を前提としていることから、担保提供者の同意がない限り、従来の債務者の債務を担保していた抵当権で債務を担保させることはできず、抵当権は消滅する（旧根抵当権についての事案として、最判昭37・7・20判時310・28）。

Q69　住所・氏名の変更登記の要否

　免責的債務引受による抵当権の債務者の変更登記を申請する場合において、登記記録上の従来の債務者の住所・氏名に変更が生じている場合は、この住所・氏名の変更登記を要するか。

A　　　従来の債務者について、住所・氏名の変更登記を要する。

解　説

Bを債務者として抵当権設定登記がされた後に、Bがその住所・氏名を変更した場合において、Bの債務をCが免責的債務引受をしたこ

第2章 第3 債務者の変更 167

とを証する登記原因証明情報（免責的債務引受契約書等）には、Bの
変更後の住所・氏名が表示されることになることから、登記記録上の
Bの住所・氏名と登記原因証明情報上のBの住所・氏名とが相違する
ことになる。したがって、免責的債務引受による債務者の変更登記を
する前提として、Bの住所・氏名の変更登記をしなければならない（登
研452・115、不動産登記実務の視点Ⅲ352頁）。

　Bの住所・氏名の変更をしないで、免責的債務引受による債務者の
変更登記の申請をすることは、不動産登記法25条8号（申請情報と登記
原因証明情報の不一致）の却下事由に該当する。

Q70　申請情報・添付情報

　抵当権で担保されている債務について、免責的債務引受がされ
た場合の債務者の変更登記の申請情報・添付情報を示せ。

A　　　抵当権の被担保債務について、免責的債務引受による抵当
　　　　権変更登記の申請情報および添付情報は次のとおりである。

登 記 申 請 書

登記の目的　　　何番抵当権変更
原　　　因　　　平成○年○月○日免責的債務引受　❶
変更後の事項　❷
　　　　　　　　債務者
　　　　　　　　○市○町○丁目○番地
　　　　　　　　　　C
権 利 者　　　○市○町○丁目○番○号　❸

168　　　第2章　第3　債務者の変更

```
　　　　　　　　株式会社Ａ銀行
　　　　　　　　（会社法人等番号　○○○○−○○−○○○○○○）
　　　　　　　　　代表取締役　○○○○
義　務　者　　○市○町○丁目○番地　❹
　　　　　　　　B
添付情報　❺
　　　　登記原因証明情報　　登記識別情報　　会社法人等番号
　　　　代理権限証明情報
　（以下省略）
```

❶　免責的債務引受契約が成立した日。なお、原債務者（旧債務者）および免責
　的債務引受人（新債務者）以外の者が抵当権設定者の場合（物上保証の場合）に
　おいては、抵当権を新債務に移す変更契約について担保提供者の同意があった
　日を原因日付とする（不動産登記書式精義中（一）777頁）。
　　物上保証の場合、物上保証人が同意したことを証する情報は、担保提供者が
　登記義務者として変更登記の申請をしていることから、同意があることが判明
　するので、同意書は添付する必要がない（昭27・9・29民甲362参照）。
❷　引受人。
❸　抵当権者。
❹　抵当権設定者。
❺　登記原因証明情報（不登61）
　　当事者、目的不動産、登記原因の発生を記載した免責的債務引受の契約書が
　該当する。この契約書がないときは、免責的債務引受契約の内容を記載した報
　告形式の登記原因証明情報を作成する。
（参考）　抵当権の債務者に関する変更登記については、登記義務者の印鑑証明
　　　　　書の提供を要しない（不登令18②、不登規49②四・48①五・47三イ（1）か
　　　　　っこ書、昭30・5・30民甲1123参照）。ただし、所有権登記名義人が登記義
　　　　　務者である場合において、登記識別情報を提供することなく事前通知ま
　　　　　たは資格者代理人による本人確認情報（不登23）により申請するときは、

第2章　第3　債務者の変更　　169

　　　　登記義務者の印鑑証明書の提供を要する（不登令18②、不登規49②）。

＜登録免許税＞

　　不動産1個につき1,000円（登税別表一・一・（十四））。

＜免責的債務引受（記録例408参照）＞

1	抵当権設定	平成○年○月○日第○号	原因　平成○年○月○日金銭消費貸借同日設定 債権額　金○万円 利息　年○% 損害金　年○% 債務者　○市○町○丁目○番地 　　B 抵当権者　○市○町○丁目○番○号 　　株式会社A銀行
付記1号	1番抵当権変更	平成○年○月○日第○号	原因　平成○年○月○日免責的債務引受 債務者　○市○町○丁目○番地 　　C

（注）　1番抵当権の債務者の表示を抹消する記号（下線）を記録する。

新債権法への対応

Q71　免責的債務引受契約と登記

民法改正により、免責的債務引受契約はどのように変わったか。

A　　免責的債務引受の条文および免責的債務引受による担保権移転の条文が新設された。

解　説

1　免責的債務引受の条文の新設

　改正民法では、免責的債務引受の要件および効果について、次の条文が新設された。

【改正後の民法472条（免責的債務引受の要件及び効果）】

①　免責的債務引受の引受人は債務者が債権者に対して負担する債務と同一の内容の債務を負担し、債務者は自己の債務を免れる。

②　免責的債務引受は、債権者と引受人となる者との契約によってすることができる。この場合において、免責的債務引受は、債権者が債務者に対してその契約をした旨を通知した時に、その効力を生ずる。

③　免責的債務引受は、債務者と引受人となる者が契約をし、債権者が引受人となる者に対して承諾をすることによってもすることができる。

　改正前の民法には、免責的債務引受、併存的債務引受の条文がなかったが、実務上は、いずれの債務引受も認められてきた（記録例408・409参照）。改正後の民法では、第3編第1章第5節に「債務の引受け」として、470条・471条で併存的債務引受、472条～472条の4で免責的債務引受の条文が設けられた。

2　担保権の移転の条文の新設

　改正民法では、免責的債務引受による担保権の移転について、次の条文が新設された。

第2章　第3　債務者の変更　　171

【改正後の民法472条の4（免責的債務引受による担保の移転）】
① 　債権者は、第472条第1項の規定により債務者が免れる債務の
　担保として設定された担保権を引受人が負担する債務に移すこ
　とができる。ただし、引受人以外の者がこれを設定した場合に
　は、その承諾を得なければならない。
② 　前項の規定による担保権の移転は、あらかじめ又は同時に引
　受人に対してする意思表示によってしなければならない。
③ 　前2項の規定は、第472条第1項の規定により債務者が免れる
　債務の保証をした者があるときについて準用する。
④ 　前項の場合において、同項において準用する第1項の承諾は、
　書面でしなければ、その効力を生じない。
⑤ 　前項の承諾がその内容を記録した電磁的記録によってされた
　ときは、その承諾は、書面によってされたものとみなして、同
　項の規定を適用する。

3　担保権の移転

　債権者は引受人に対する単独の意思表示で、債務者が免れる債務の
担保として設定された担保権または保証を、引受人以外の担保権設定
者および保証人の承諾を得ることを要件として、引受人が負担する債
務に移すことができる（改正民472の4①②③、中間試案補足説明271頁参照）。
改正民法472条の4第1項ただし書は債務者を除外していないので、債
務者が担保権設定者であるときは、担保権の移転をするについて債務
者の承諾を得ることが必要である。なお、保証人の承諾については書
面（または電磁的記録）でしなければ、その効力を生じない（改正民472
の4④⑤）。

　担保権の移転は、あらかじめまたは同時に引受人に対してする意思

表示によってしなければならない（改正民472の4②）。免責的債務引受がされた場合には債務者の負担する債務は消滅することとなり、その後に担保権の移転をすることは担保権の付従性に抵触することになるため、遅くても免責的債務引受契約の時点までに担保権の移転の意思表示を要するとされた。

4 抵当権移転登記・債務者変更登記の登記原因証明情報

以下において、次のような設例で登記原因証明情報を作成する。本設例は、債権者Aと引受人Cとで免責的債務引受をする例であり、この免責的債務引受は、債権者が債務者に対して免責的債務引受契約をした旨を通知した時に、免責的債務引受の効力を生ずる（改正民472②）。

〔設　例〕

> ① 金銭消費貸借契約日（債権者A、債務者兼抵当権設定者B）
> 　平成29年6月20日
> ② 上記債権担保のための抵当権設定契約日・申請日
> 　平成29年6月20日
> ③ 債権者A・引受人C間の免責的債務引受契約日
> 　平成30年5月10日
> ④ 免責的債務引受契約による上記②の抵当権の移転について、債務者Bの承諾があった日
> 　平成30年5月10日
> ⑤ 債権者Aから引受人Cに対する抵当権の移転の意思表示があった日
> 　平成30年5月10日
> ⑥ 免責的債務引受契約が成立した旨の債権者Aから債務者Bに対する通知の到達日
> 　平成30年5月11日

第2章　第3　債務者の変更　　　173

〔登記原因証明情報〕

登記原因証明情報

1　登記申請情報の要項
　　(1)　登 記 の 目 的　　○番抵当権変更
　　(2)　登 記 の 原 因　　平成30年5月11日免責的債務引受　❶
　　(3)　変更後の事項　　債務者　○市○町○丁目○番地　C　❷
　　(4)　当　　事　　者　　権利者　○市○町○丁目○番地　A　❸
　　　　　　　　　　　　　　義務者　○市○町○丁目○番地　B
　　(5)　不動産の表示　　（省略）
2　登記の原因となる事実又は法律行為
　　(1)　平成29年6月20日、債権者A（以下「債権者」という。）は債務
　　　　者B（以下「債務者」という。）に対し金○万円を貸し付け、債権
　　　　者はこれを被担保債権として本件不動産に抵当権（以下「本件抵
　　　　当権」という。）を設定した（○法務局平成29年6月20日受付第○
　　　　号登記済）。
　　(2)　平成30年5月10日、債権者と引受人C（以下「引受人」という。）
　　　　は、引受人が上記(1)の債務の全額を引き受けるとともに、債務者
　　　　の債務を免れさせる旨の契約を締結した。　　❹
　　(3)　平成30年5月10日、債務者は、上記(2)の抵当権の移転を承諾し
　　　　た。　❺
　　(4)　平成30年5月10日、債権者は、債務者が負担している上記(1)の
　　　　債務について、引受人に対し、本件抵当権を引受人が債務者に代
　　　　わって免責的に引き受ける債務の担保として移転させる旨の意思
　　　　表示をした。　❻
　　(5)　平成30年5月11日、債権者は債務者に対し、上記(2)の免責的債
　　　　務引受の合意があった旨を通知した。　❼
　　(6)　よって、平成30年5月11日、上記(2)の免責的債務引受契約の効

力が生じ、本件抵当権の債務者は債務者Bから引受人Cに変更された。　❽

平成○年○月○日　○法務局　御中

上記登記原因のとおり相違ありません。
　　　　　　　　権利者　○市○町○丁目○番地　　A㊞　　❾
　　　　　　　　義務者　○市○町○丁目○番地　　B㊞

❶　債権者と引受人となる者との免責的債務引受契約は、債権者が債務者に対してその契約をした旨を通知した時に、その効力を生ずる（改正民472②）。本設例では、債権者から債務者に対して、免責的債務引受契約が成立した旨の通知をした時（到達主義（改正民97①②））は、平成30年5月11日である。この日が登記原因日付となる。

❷　免責的債務引受により抵当権の債務者となった引受人Cを記載する。

❸　登記権利者は債権者であり、登記義務者は抵当権設定者である。

❹❼　免責的債務引受は、債権者と引受人となる者との契約によってすることができる。この場合においては、免責的債務引受は、債権者が債務者に対してその契約をした旨を通知した時（到達主義（改正民97①②））に、その効力を生ずる（改正民472②）。

❺　免責的債務引受により抵当権を移転するためには、引受人以外の者が抵当権を設定した場合には、その承諾を得なければならない（改正民472の4①）。本設例では、債務者が抵当権設定者であるから、債務者の承諾を要する。

❻　免責的債務引受による抵当権の移転は、債務引受に先立ち（あらかじめ）または同時に、債権者Aから引受人に対してする意思表示によってしなければならない（改正民472の4②）。

❽　債権者と引受人となる者との契約による免責的債務引受は、債権者が債務者に対してその契約をした旨を通知した時に、その効力を生ずる（改正民472②）。これにより、抵当権の債務者は、Bから引受人Cに変更される。

❾　登記権利者および登記義務者が押す印鑑については、制限がない。記名押印者は登記義務者のみでもよい。

第2章 第3 債務者の変更　175

(2)　重畳的債務引受による債務者の変更

Q72　重畳的債務引受

　重畳的債務引受がされたときは、債務を担保していた抵当権は存続するか。

A　　原債務者の債務は、抵当権で当然に担保される。しかし、引受人の債務を抵当権で担保するためには、担保提供者の同意を要する。

解　説

　重畳（併存）的債務引受とは、債権者と原債務者（本来の債務者）Bとの債権関係につき、併存的債務引受人Cが、債権者に対して原債務者Bの債務と同一の債務を負担する契約をいう。重畳的債務引受契約により、原債務者Bが、債務者の地位を脱退するものではない。判例は、「重畳的債務引受がなされた場合には、反対に解すべき特段の事情のないかぎり、原債務者と引受人との関係について連帯債務関係が生ずる」とし、原債務者または併存的債務引受人のいずれか一方に対する債権者の請求は、他方の債務者に対しても効力が生じ（民434）、一方の債務について時効が完成すれば、他方の債務者は消滅時効の効果を援用することができるとしている（最判昭41・12・20判時475・33）。

　重畳的債務引受があっても、原債務者の債務は、原債務者の債務を担保していた抵当権で担保される。債権者と引受人との契約により債務が併存的に引き受けられた場合には、原債務者の債務を担保していた抵当権は反対の意思表示のない限り、引き続き原債務者と併存的債務引受人の連帯関係にある債務を担保するものとして存続する。この場合には、抵当権の債務者の変更登記を申請することになる（不動産登記書式精義中(一)775頁）。

176　　　第2章　第3　債務者の変更

Q73　住所・氏名の変更登記の要否

　重畳的債務引受による抵当権の債務者の変更登記を申請する場合に、登記記録上の原債務者の住所・氏名に変更が生じているときは、債務者の変更登記をする前提として、原債務者の住所・氏名の変更登記を要するか。

A　　原債務者について、住所・氏名の変更登記を要する。

解　説

免責的債務引受の場合と同じであるから、Q69参照。

Q74　申請情報・添付情報

　抵当権で担保されている債務について、重畳的債務引受がされた場合の債務者の変更登記の申請情報・添付情報を示せ。

A　　抵当権の被担保債務について、重畳的債務引受による抵当権変更登記の申請情報および添付情報は次のとおりである。

登　記　申　請　書

登記の目的　　何番抵当権変更
原　　　因　　平成○年○月○日重畳的債務引受　❶
追加する事項　❷
　　　　　　　連帯債務者
　　　　　　　○市○町○丁目○番地
　　　　　　　　　C

第2章　第3　債務者の変更　　　177

権　利　者　　○市○町○丁目○番○号　❸

　　　　　　　　株式会社Ａ銀行

　　　　　　　　（会社法人等番号　○○○○－○○－○○○○○○）

　　　　　　　　代表取締役　○○○○

義　務　者　　○市○町○丁目○番地　❹

　　　　　　　　Ｂ

添 付 情 報　❺

　　　　　登記原因証明情報　　登記識別情報　　会社法人等番号

　　　　　代理権限証明情報

（以下省略）

---

❶　重畳的債務引受契約が成立した日。なお、債務者が抵当権設定者でない場合
（物上保証の場合）、抵当権設定者が担保提供することの同意は必要であるが、
同意の日が登記原因の日付ではない。同意があれば、その同意の効力は債務引
受契約の日に遡及する（不動産登記書式精義中(一)783頁・1121頁（注1））。こ
の見解に対して、抵当権を新債務に移す変更契約についての同意の日とする見
解を示すこともあり（不動産登記書式精義中(一)777頁）、注意を要する。

　　物上保証の場合、物上保証人は申請人（登記義務者）となることから、同意し
たことを証する情報は添付情報とならない（昭27・9・29民甲362参照）。

❷　「追加する事項」として、「連帯債務者」と記載し、重畳的債務引受人（連帯
債務者）の住所、氏名を記載する。

❸　抵当権者。

❹　抵当権設定者。

❺　登記原因証明情報（不登61）

　　当事者、目的不動産、登記原因の発生を記載した重畳的債務引受の契約書が
該当する。この契約書がないときは、重畳的債務引受契約の内容を記載した報
告形式の登記原因証明情報を作成する。

（参考）　登記義務者の印鑑証明書の提供を要しない（Ｑ70参照）。

＜登録免許税＞

不動産1個につき1,000円（登税別表一・一・（十四））。

＜重畳的債務引受（記録例409参照）＞

1	抵当権設定	平成○年○月○日第○号	原因　平成○年○月○日金銭消費貸借同日設定 債権額　金○万円 利息　年○% 損害金　年○% 債務者　○市○町○丁目○番地 　B 抵当権者　○市○町○丁目○番○号 　株式会社A銀行
付記1号	1番抵当権変更	平成○年○月○日第○号	原因　平成○年○月○日重畳的債務引受 連帯債務者　○市○町○丁目○番地 　C

新債権法への対応

Q75　併存的債務引受契約と登記

民法改正により、併存的債務引受契約はどのように変わったか。

A　併存的債務引受の条文が新設された。併存的債務引受は、債権者と引受人となる者との契約によってすることができる。また、債務者と引受人となる者との契約によってもすることができるが、この場合においては、債権者が引受人となる者に対して承諾をした時に、併存的債務引受の効力を生ずる。

第2章　第3　債務者の変更　　179

解　説

1　併存的債務引受の条文の新設

　民法改正前は、契約によって、債務者の債務と同一内容の債務を、引受人が債権者に対して負担する債務引受の形態を実務上、併存的債務引受もしくは重畳的債務引受と呼んでいた（奥田・債権総論467頁参照）が、改正民法では「併存的債務引受」という用語を用いた。

　改正民法では、併存的債務引受の要件および効果について、次の条文が新設された。

【改正後の民法470条（併存的債務引受の要件及び効果）】

　①　併存的債務引受の引受人は、債務者と連帯して、債務者が債権者に対して負担する債務と同一の内容の債務を負担する。

　②　併存的債務引受は、債権者と引受人となる者との契約によってすることができる。

　③　併存的債務引受は、債務者と引受人となる者との契約によってもすることができる。この場合において、併存的債務引受は、債権者が引受人となる者に対して承諾をした時に、その効力を生ずる。

　④　前項の規定によってする併存的債務引受は、第三者のためにする契約に関する規定に従う。

　併存的債務引受（重畳的債務引受）がされた場合には、特段の事情がない限り、原債務者と債務引受人との間に連帯債務関係が生ずるとする判例（最判昭41・12・20判時475・33）が明文化された。

2　抵当権の存続

　併存的債務引受にあっては、免責的債務引受の場合と異なり、債務

者の債務はそのまま存続する。したがって、併存的債務引受がされたからといって、債務者の当該債務に係る担保の消滅という問題は生じない（新債権総論Ⅱ505頁）。

併存的債務引受が債権者と引受人となる者との契約でされた場合には特に債務者の承諾を要しないので（改正民470②と③を比較）、債権者を登記権利者、抵当権設定者を登記義務者とし、引受人を連帯債務者として追加する変更登記を申請をする。併存的債務引受が債権者と引受人となる者との契約でされた場合の抵当権の債務者の変更登記手続は、民法の改正前と変わらない。

なお、併存的債務引受が、債務者と引受人となる者との契約によってされた場合には、併存的債務引受は、債権者が引受人となる者に対して承諾をした時に、その効力を生ずる（改正民470③）。したがって、抵当権の変更登記の登記原因日付は、「年月日（債権者の承諾が引受人となる者に到達した日）併存的債務引受」である。

第2章　第3　債務者の変更　　181

(3)　連帯債務者の1人に対する債務免除

Q76　1人に対する債務免除

　債権者が連帯債務者B・Cのうちの1人Bに対して債務を免除（Bの負担部分全部免除）したときは、債権額は減少するか。

A　　　　連帯債務者間の内部的な負担部分が均分の場合は、Bが負担部分の債務免除を受けると、「連帯債務者B・C」から「債務者C」とする債務者の変更登記および免除を受けた負担部分の額を控除した額を債権額とする抵当権の変更登記を申請することになる。

解　説

1　連帯債務者間の負担割合

　連帯債務は、債権者に対する関係では各債務者が債務全額を履行する義務を負うが、債務者相互間では、それぞれ一定の割合で義務を負担し合うことになる。この割合を負担部分という。

　この負担部分を決定する標準について、民法に規定はない。次の標準による（我妻・債権総論431頁、大判大4・4・19民録21・524参照）。①債務者間の特約により決定する、②負担割合の特約がなくても、連帯債務を負担することによって受けた利益の割合が異なるときは、負担部分もまたその割合に従う、③前掲①または②の標準によって定まらないときは、平等の割合とする。債務者間における負担割合は、債権者に対する関係では、債権者が負担部分を知り、または知り得た場合を除き、均分である（我妻・債権総論432頁）。

2　連帯債務者1人に対する債務免除

　債権者が、連帯債務者の1人Bに対して債務を免除（Bの負担部分全

部免除) したときは、連帯債務者Bの負担部分についてのみ、他の連帯債務者の利益のためにも効力を生じ (民437)、全債務額がBの負担部分だけ減少する。

　例えば、2,000万円の連帯債務について、連帯債務者BとCとの負担割合が均等の場合において、連帯債務者Bが債権者から債務の免除を受けると、Bの負担部分1,000万円については、他の連帯債務者Cのためにもその効力が生じる (民437)。内部の負担割合を均等とする連帯債務者の1人Bに対して債務の免除があったときは、他の債務者Cは1,000万円 (2,000万円－1,000万円) の債務を負担することになる。

　この場合には、抵当権の債務者を「連帯債務者B・C」から「債務者C」とする変更および債権額を2,000万円から1,000万円とする変更の登記をする。

Q77　債務免除の変更登記

　債権者が連帯債務者B・Cのうちの1人Bに対して債務を免除した場合の変更登記の方法を示せ。

A　　　原則として、債務者および債権額の変更登記をする。ただし、連帯債務者間において、ある債務者の負担部分が零の場合は、債務者の変更登記のみをする。

解　説

　債務免除をされた連帯債務者の1人Bの負担部分がある場合は、Bの負担部分 (負担額) について、他の債務者Cに対し連帯債務における免除の絶対効が生じる (民437)。この場合は、債務者の変更登記および債権額の変更登記をしなければならない。ただし、連帯債務者間の定めにより、ある特定の債務者の負担部分が零ということも可能であ

第2章　第3　債務者の変更　　183

り（大判大4・4・19民録21・524）、負担部分が零の場合には、債権額の変更登記は申請しない（登研562・101）。

〔債務者の変更〕

登　記　申　請　書

登記の目的　　何番抵当権変更
原　　　因　　平成○年○月○日債務免除　❶
変更後の事項　❷
　　　　　　　　債務者
　　　　　　　　　○市○町○丁目○番地
　　　　　　　　　C
権　利　者　　○市○町○丁目○番○号　❸
　　　　　　　　株式会社A銀行
　　　　　　　　（会社法人等番号　○○○○−○○−○○○○○○）
　　　　　　　　　代表取締役　○○○○
義　務　者　　○市○町○丁目○番地　❹
　　　　　　　　B
添 付 情 報　❺
　　　　　　登記原因証明情報　　登記識別情報　　会社法人等番号
　　　　　　代理権限証明情報
（以下省略）

---

❶　債務免除の日。
❷　「連帯債務者B・C」が「債務者C」となる。なお、連帯債務者がB・C・Dの場合において、そのうちのBが債務免除されたときは、「連帯債務者　住所・C、住所・D」と記載する。
❸　抵当権者。
❹　抵当権設定者。
❺　登記義務者の印鑑証明書の提供を要しない（Q70参照）。

<登録免許税>

　　不動産1個につき1,000円（登税別表一・一・（十四））。

〔債権額の変更〕

登　記　申　請　書

登記の目的　　何番抵当権変更

原　　　因　　平成○年○月○日債務免除　❶

変更後の事項　❷

　　　　　　　債権額　金1,000万円

権　利　者　　○市○町○丁目○番地　❸

　　　　　　　C

義　務　者　　○市○町○丁目○番○号　❹

　　　　　　　株式会社A銀行

　　　　　　　（会社法人等番号　○○○○－○○－○○○○○○）

　　　　　　　　代表取締役　○○○○

添 付 情 報　❺

　　　　　　登記原因証明情報　　登記識別情報　　会社法人等番号

　　　　　　代理権限証書

（以下省略）

---

❶　債務免除の日。

❷　債務免除されたBの負担部分（例：1,000万円）の額が、登記されている債権額（例：2,000万円）から控除される。控除後の債権額を掲げる。

❸　抵当権設定者。

❹　抵当権者。

❺　登記義務者の印鑑証明書の提供を要しない（Q70参照）。

<登録免許税>

　　不動産1個につき1,000円（登税別表一・一・（十四））。

第2章 第3 債務者の変更　　185

　　新債権法への対応

　Q78　連帯債務者1人の債務免除
　債権者が連帯債務者の1人の債務を免除した場合、免除の効力
は他の債務者に及ぶか。

　A　　民法の改正により、連帯債務者の1人に対する債務の免除
　　　　は、他の債務者に効力を及ぼさないこととなった。したがっ
て、抵当権の変更登記も民法の改正前と異なることになる。

　　解　　説

　改正前の民法437条［連帯債務者の1人に対する免除］は、民法の
改正により、全文削除された（筆者注：下線は筆者による）。
【改正前の民法437条】
　連帯債務者の1人に対してした債務の免除は、その連帯債務者
の負担部分についてのみ、他の連帯債務者の利益のためにも、そ
の効力を生ずる。

1　相対的効力
　改正後の民法では、連帯債務者の1人に対する債務の免除の規定（改
正前民437）が削除された。削除の効果は、次のように異なる。
　(1)　改正前の民法では～絶対的効力
　改正前の民法437条［連帯債務者の1人に対する免除］では、連帯債
務者の1人に対する債務の免除は、その免除を受けた連帯債務者の負
担部分の限度で絶対的効力を生ずるとしている。例えば、連帯債務者
ＢとＣが債権者Ａに対して600万円の連帯債務を負い、その負担部分

が平等（Bの負担部分300万円、Cの負担部分300万円）である場合において、債権者が連帯債務者Bの債務の免除をすると、その効力は、Bの負担部分300万円を限度として、他の連帯債務者Cに及ぶ（債務免除の絶対的効力）。この結果、連帯債務者Cは自己の負担部分300万円を債権者に弁済すればよいことになる。ただし、相対的免除の特約がある場合は、その定めに従う（新債権総論Ⅱ596頁参照）。

（2）　改正後の民法では～相対的効力

改正後の民法では、改正前の民法437条の「連帯債務者の1人に対してした債務の免除は、その連帯債務者の負担部分についてのみ、他の連帯債務者の利益のためにも、その効力を生ずる。」とする条文が削除された。

これにより、債権者が連帯債務者の1人に対して債務を免除する意思表示をしても、免除の効力は他の連帯債務者に及ばない（債務免除の相対的効力（改正民441本文））。例えば、連帯債務者BとCが債権者Aに対して600万円の連帯債務を負い、その負担部分が平等（Bの負担部分300万円、Cの負担部分300万円）である場合において、債権者が連帯債務者Bの債務の免除をしても、連帯債務者Cには何らの影響も及ばず、Cは600万円を債権者に弁済しなければならない。

なお、債権者および他の連帯債務者Cが別段の意思を表示したときは、当該他の連帯債務者Cに対する効力は、その意思に従う（合意による債務免除の絶対的効力（改正民441ただし書））。これを具体的にいえば、連帯債務者Bに対する免除の効力をCに及ぼすためには、債権者と連帯債務者Cとの合意があれば足り、他の連帯債務者Bの同意を要しない、ということである（新債権総論Ⅱ598頁参照）。

〔民法改正前と改正後の連帯債務者の弁済の比較図〕

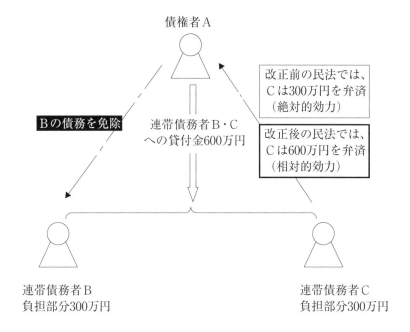

2 抵当権の変更登記
(1) 債務免除の別段の意思表示がない場合

　改正後の民法では、改正前の民法437条の規定［債務免除の絶対的効力］が削除されたことにより、債権者が連帯債務者の1人Bに対して債務を免除する意思表示をしても、債務免除の別段の意思表示がない限り、免除の効力は他の連帯債務者Cに及ばない（債務免除の相対的効力（改正民441））。他の連帯債務者Cは、前掲1(2)の例でいえば、依然として債権額600万円の債務を負う。

　したがって、債務免除の別段の意思表示がない場合には、抵当権の変更登記は、登記原因を「年月日債務免除」、変更後の事項「連帯債務者　住所　B、住所　C」とあるのを「債務者　住所　C」とする変

更登記のみで、債権額の変更登記は申請できない。

(2)　債務免除の別段の意思表示がある場合

　債権者が連帯債務者の1人Bに対し債務の免除をし、この免除の効果は他の連帯債務者Cにも及ぶとする債務免除の別段の意思表示がされたときは（改正民441ただし書）、連帯債務者間の内部負担が各300万円とすると、次の抵当権の変更登記を申請することになる。

① 　登記原因「年月日債務免除」

② 　変更後の事項「連帯債務者　住所　B、住所　C」とあるのを「債務者　住所　C」

③ 　債権額「金600万円」（1(2)の例の債権額～登記記録上の債権額）とあるのを「金300万円」

3 連帯債務者の住所変更

Q79 連帯債務者の住所変更

　連帯債務者Ｂ・Ｃが日を異にして同一の住所に移転した場合にする抵当権の変更登記は、1件の申請情報で申請できるか。

A　登記原因が異なるから、1件の申請情報で申請できない。

解　　説

　抵当権の連帯債務者ＢおよびＣが、日を異にして同一の住所に移転した場合にする抵当権の変更登記は、登記原因が異なるから、1件の申請情報によって申請することはできず、登記の目的および登記原因ごとにそれぞれ個別に申請しなければならない（登研803・141）。

第4　共有持分上の抵当権の効力の変更

> Q80　所有権全部に及ぼす変更
> 　B・C共有の不動産につき、B持分にAの抵当権を設定登記済のところ、BがCの持分全部を取得したので、この取得持分にもAの抵当権の効力を及ぼすのには、どのような登記をすべきか。

A　取得持分を追加設定する抵当権の追加設定契約を締結し、登記の目的を「○番抵当権の効力を所有権全部に及ぼす変更（付記）」とする抵当権の変更登記を申請する。

解　説

1　抵当権の変更登記

　次の図は、B・C共有不動産のうち、B持分に抵当権を設定登記済のところ、その後に取得した持分にも抵当権の効力を及ぼそうとする図である。

〔抵当権設定の図〕

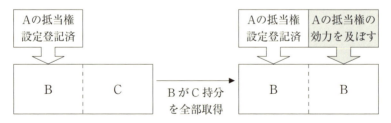

　B・C共有の不動産につき、B持分にAの抵当権を設定登記済のところ、BがCの持分全部を取得しBの単独所有となった場合に、この取得持分（Cの所有であった持分）にもAの抵当権の効力を及ぼすには、Bが取得した持分について抵当権の追加設定契約を締結し、登記の目的を「○番抵当権の効力を所有権全部に及ぼす変更（付記）」とす

第2章　第4　共有持分上の抵当権の効力の変更　　191

る抵当権の変更登記を申請する（昭28・4・6民甲556）。

　この付記による変更登記をするについて、取得持分上（Cの所有で
あった持分）に登記上の利害関係を有する第三者（例：Aの付記登記
をすることにより、後順位抵当権者となる者）があるときは、その第
三者の承諾を要する。承諾を得ることができないときは、主登記で追
加設定登記をすることになる（昭28・4・6民甲556、不登66、不登令別表25項
添付情報欄ロ））。

　なお、「抵当権の効力を所有権全部に及ぼす変更」の登記がされても、
抵当権者に対して登記識別情報は通知されない（平17・8・26民二1919参
照）。登記識別情報の通知がされるのは、「その登記をすることによっ
て申請人自らが登記名義人となる場合」であり（不登21）、及ぼす変更
の登記をすることにより申請人が登記名義人として登記記録に記録さ
れるものではない。

2　申請情報・添付情報

　「抵当権の効力を所有権全部に及ぼす変更」の登記の申請情報およ
び添付情報は、次のとおりである。

登　記　申　請　書

登記の目的　　何番抵当権の効力を所有権全部に及ぼす変更(付記)　❶
原　　　因　　平成○年○月○日金銭消費貸借同日設定　❷
権　利　者　　○市○町○丁目○番○号　❸
　　　　　　　　株式会社A銀行
　　　　　　　　（会社法人等番号　○○○○－○○－○○○○○○）
　　　　　　　　代表取締役　○○○○

192　　第2章　第4　共有持分上の抵当権の効力の変更

　義　務　者　　○市○町○丁目○番地　❹
　　　　　　　　　　B
　添 付 情 報　❺
　　　　登記原因証明情報　　登記識別情報　　印鑑証明書
　　　　会社法人等番号　　代理権限証書　　（承諾情報）
　（一部省略）
　登録免許税　　金1,500円（登録免許税法第13条第2項）❻
　（以下省略）

---

❶　登記原因証明情報は抵当権の追加設定契約書であるが、登記手続としては、抵当権の効力を所有権全部に及ぼす変更の登記である。この変更登記をするについて、登記上の利害関係を有する第三者の承諾を得ることができた場合は付記登記によることができるので、登記の目的に「（付記）」と記載する。

❷　登記原因は、新たに取得した持分に対する追加設定契約であるので、「設定」と記載する（昭31・4・9民甲758）。

❸　抵当権者。

❹　抵当権設定者。

❺①　登記原因証明情報（不登61）

　　　新たに取得した持分（Cの所有であった持分）を追加する抵当権追加設定の契約書を提供する。

　②　登記義務者の登記識別情報（不登22）

　　　登記義務者Bが、新たに取得した持分（Cの所有であった持分）の登記をしたときに通知された登記識別情報を提供する。

　③　登記義務者の印鑑証明書（不登令16・18）

　④　承諾情報（不登66）

　　　実質は抵当権の設定であるが、登記の形式としては抵当権の変更登記であるから登記上の利害関係を有する第三者があるときは、その者が承諾したことを証する情報を提供しなければならない（不登令7①五ハ）。承諾を証する情報が書面で作成されている場合には、この情報に記名押印した者の印鑑証

第2章　第4　共有持分上の抵当権の効力の変更　　193

明書を添付し（不登令19②）、法人の場合には代表者の資格を証する情報を提供しなければならない。ただし、当該法人の会社法人等番号を提供したときは、その代表者の資格を証する情報の提供に代えることができる（平27・10・23民二512・2(4)イ）。この承諾情報を提供した場合に限り、付記登記によって変更登記がされる。承諾情報を提供できない場合は、主登記によって抵当権設定登記をすることになる。

❻　登録免許税

登録免許税は抵当権の追加設定の取扱いとなるので、財務省令で定める書類（Q44）を添付して抵当権の設定登記の申請をするものに限り、当該抵当権の設定登記に係る不動産に関する権利の件数1件につき1,500円である（登税13②）。追加すべき不動産が既設定の抵当権と同一管轄区域内の場合には、財務省令で定める書類の提供は不要である。

（参考）　登記の形式としては変更登記であるから、追加設定登記の場合に不動産の表示欄に記録する「前の登記の物件の表示」は、申請情報の内容とすることを要しない。

Q81　共有者1人からの持分取得と設定

　Ｂ・Ｃ・Ｄ共有の不動産につき、Ｂ持分にＡの抵当権を設定登記済のところ、ＢがＣの持分全部を取得したので、この取得持分にもＡの抵当権の効力を及ぼすのには、どのような登記をすべきか。

A　取得持分を追加設定する抵当権の追加設定契約を締結し、登記の目的を「○番抵当権の効力をＢ持分全部に及ぼす変更（付記）」とする抵当権の変更登記を申請する。

解　説

Ｂ・Ｃ・Ｄ共有の不動産につき、Ｂ持分にＡの抵当権を設定登記済

のところ、BがCの持分全部を取得しBとDの共有となった場合に、この取得持分（Cの所有であった持分）にもAの抵当権の効力を及ぼすには、Bが取得した持分（Cの所有であった持分）について抵当権の追加設定契約を締結し、登記の目的を「○番抵当権の効力をB持分全部に及ぼす変更（付記）」とする抵当権の変更登記を申請する（登研451・126）。

なお、この付記による変更登記をするについて、取得持分上（Cの所有であった持分）に登記上の利害関係を有する第三者（例：Aの付記登記をすることにより、後順位抵当権者となる者）があるときは、その第三者の承諾を要する。承諾を得ることができないときは、主登記で追加設定登記をすることになる（昭28・4・6民甲556、不登66、不登令別表25項添付情報欄ロ））。

添付情報についてはQ80参照。

Q82 共有者1人の抵当権抹消

B・C共有不動産の全体にAの抵当権が設定登記されている場合において、C持分についてのみ抵当権の抹消登記ができるか。

A　　C持分についてのみの抵当権抹消登記は可能である。

解　説

1 ある持分のみの抵当権抹消登記

B・C共有不動産の全体にAの抵当権が設定登記されている場合において、C持分についてのみ抵当権の抹消登記をすることができる（記

録例416)。Q80及びQ81が抵当権の目的物の範囲の拡張であるのに対し、本設問は抵当権の目的物の範囲の縮小である。

　抵当権が共有持分に設定登記された経緯は、①Bの単有不動産に抵当権設定登記がされた後に、抵当権設定登記が付けられたままでBからCに所有権一部移転の登記がされた場合、あるいは、②B・C共有不動産の全体に抵当権が設定登記された場合が考えられる。

　前掲①のケースでは、不動産分譲業者が、分譲土地を購入するについて購入土地全体に（Bの単有形態で）金融機関の抵当権設定登記をし、分譲のために土地を分筆し、売れたごとに当該売却土地（BからCに所有権一部移転の登記がされた土地で、BとCの共有状態）に設定されている抵当権を抹消していく場合に利用されることがある（事実上は共同担保物の一部抹消である）。

　前掲①または②のいずれの場合でも、C持分に設定されている抵当権を抹消登記することができる。この場合の抹消登記の登記の目的は、「〇番抵当権をB持分の抵当権とする変更（付記）」である（記録例416）。

〔売却土地の抵当権抹消～前掲①のケース〕

2　申請情報・添付情報

　「〇番抵当権をB持分の抵当権とする変更」の登記の申請情報および添付情報は、次のとおりである。

196　　第2章　第4　共有持分上の抵当権の効力の変更

登 記 申 請 書

登記の目的　　○番抵当権をB持分の抵当権とする変更　❶

原　　　因　　平成○年○月○日C持分の放棄　❷

権 利 者　　○市○町○丁目○番地　❸
　　　　　　　C

義 務 者　　○市○町○丁目○番○号　❹
　　　　　　　株式会社A銀行
　　　　　　　（会社法人等番号　○○○○－○○－○○○○○○）
　　　　　　　　代表取締役　○○○○

添 付 情 報　❺
　　　　登記原因証明情報　　登記識別情報　　会社法人等番号
　　　　代理権限証書　　（承諾情報）
　（一部省略）

登録免許税　　金1,000円　❻
　（以下省略）

---

❶　抵当権の一部を抹消する登記手続は認められていないので、抵当権の目的範囲をB持分に縮小する変更登記を行う。

❷　抵当権者が、C持分に設定されている抵当権の放棄の意思表示をした日を記載する。

❸　抵当権の負担を免れる所有権登記名義人を記載する。

❹　抵当権者を記載する。

❺①　登記原因証明情報（不登61）

　　共有者Cの所有権に設定されている抵当権を放棄した旨の記載がある放棄証書が該当する。

　②　承諾情報（不登66）

　　「○番抵当権をB持分の抵当権とする変更」は、実質的には権利の一部抹消登記であり、登記上の利害関係を有する第三者がある場合には、不動産登

記法68条［権利に関する登記の抹消］が適用される。変更登記をするについて登記上の利害関係を有する第三者（例：転抵当権者）があるときは、その者が承諾したことを証する情報を提供しなければならない（不登令7①五ハ）。承諾を証する情報が書面で作成されている場合には、この情報に記名押印した者の印鑑証明書を添付し（不登令19②）、法人の場合には代表者の資格を証する情報を提供しなければならない。ただし、当該法人の会社法人等番号を提供したときは、その代表者の資格を証する情報の提供に代えることができる（平27・10・23民二512・2(4)イ）。この承諾情報を提供した場合に限り、付記登記によって変更登記がされる。承諾情報を提供できない場合は、変更登記をすることができない。

❻ 登録免許税

不動産1個につき1,000円（登税別表一・一・（十四））。

第5　取扱店の変更

Q83　取扱店変更の申請人

抵当権者の取扱店の変更の登記は、抵当権者の単独申請か。

A　　抵当権者の単独申請である。

解　説

抵当権登記名義人の表示変更の登記に準じ、抵当権者の単独申請である（取扱支店を追加する抵当権登記名義人表示更正登記の事案として昭36・9・14民甲2277、登研352・101参照）。

Q84　取扱店を証する情報

抵当権者の取扱店は、どの書面に記載されていることを要するか。

A　　登記原因証明情報または抵当権者の委任状に記載があることを要する。

解　説

抵当権者の取扱店は法定の登記事項（不登59・83①・88①）ではないが、競売における裁判所からの通知等について金融機関の内部的事務処理の簡素合理化のために登記することを認められている。登記原因証明情報に取扱店の表示がない場合であっても、抵当権者の委任状に取扱店の記載がある場合には、申請情報に記録することができる（登研535・177）。

第2章　第5　取扱店の変更　　　199

　申請情報に記録されている取扱店については、登記された支店であるか否かを登記官において審査することを要しない（不動産登記実務の視点Ⅲ210頁）。

Q85　取扱店変更の記載方法
　取扱店の追加、取扱店の変更、取扱店の抹消は、どのように申請情報に記録すべきか。

A　　　次のとおり。

登　記　申　請　書

登記の目的　　何番抵当権変更

追加する事項　取扱店　○○支店　❶

変更後の事項　取扱店　△△支店　❷

変更後の事項　取扱店の表示抹消　❸

申　請　人　○市○町○丁目○番○号　❹
　　　　　　　株式会社A銀行
　　　　　　　（会社法人等番号　○○○○－○○－○○○○○○）
　　　　　　　代表取締役　○○○○
添　付　情　報　❺
　　　　　登記原因証明情報　　会社法人等番号
　　　　　代理権限証明情報
　（以下省略）

200 　　　　第2章　第5　取扱店の変更

❶　取扱店の表示を新たに追加する場合。登記原因・その日付は不要（昭36・11・30民甲2983）。取扱店追加の登記は、それ自体を独立して申請することも、既登記の抵当権の変更（更正）登記を申請する際に、これと併せて申請することもできる。しかし、抵当権の処分（民376）の登記と取扱店追加の登記とは、各別の申請情報で申請しなければならない（不動産登記実務の視点Ⅲ207頁）。

❷　取扱店を変更した場合または取扱店の名称に変更があった（例：登記されている昭和支店が平成支店と称されることになった）場合。

❸　取扱店の表示を抹消する場合。

❹　抵当権者の単独申請である。

❺　登記原因証明情報（不登61）

　　取扱店の変更または取扱店を新たに追加する変更の登記を申請する場合には、その申請情報と併せて登記原因証明情報を提供する必要がある（登研689・291、協議結果集67頁）。

＜登録免許税＞

　　不動産1個につき1,000円（登税別表一・一・（十四））。抵当権の変更登記と併せて抵当権者の取扱店の追加または変更の登記を1件の申請情報で申請する場合は、抵当権の変更登記分の不動産1個について1,000円を納めればよく、取扱店の追加または変更の登記分として別に不動産1個について1,000円を納付することを要しない（不動産登記実務の視点Ⅲ207頁）。

Q86　追加設定登記と取扱店の表示

　取扱店の異なる抵当権の追加設定登記の申請は受理されるか。

A　　　受理される。

解　説

抵当権者の取扱店は法定の登記事項（不登59・83①・88①）ではないが、

第2章　第5　取扱店の変更　　　201

競売における裁判所からの通知等についての金融機関の内部的事務処
理の簡素合理化のために登記することが認められている。抵当権の追
加設定の登記申請をなすに当たり、抵当権者の取扱店の表示が前登記
の取扱店の表示と異なる場合でも、前登記の取扱店変更の登記申請を
要せず、そのまま受理される（根抵当権の事案として登研382・81）。

第6　抵当権変更と利益相反行為

(注)　以下においては、甲株式会社のことを「甲会社」、乙株式会社のことを「乙会社」という。

Q87　債務者を会社から代表取締役に変更

　甲会社所有の不動産に、債務者を甲会社として抵当権設定登記をしているところ、免責的債務引受によって、債務者を甲会社の代表取締役Aに変更するには取締役会の承認を要するか。

A　　　承認を要しない。

解　　説

1　先　例

　甲会社所有の不動産に、債務者を甲会社として抵当権設定登記をしているところ、免責的債務引受によって、債務者を甲会社から甲会社の代表取締役A個人に変更するには、旧商法265条による取締役会の承認を要しない（昭41・6・8民三397参照）（会社法施行後は、取締役会設置会社でない株式会社においては株主総会の承認（会社356）、取締役会設置会社においては取締役会（会社365）による承認を要しない）。

2　求償権の可能性の考慮

　免責的債務引受によって、抵当権の債務者が甲会社から甲会社の代表取締役A個人に変更された場合には、甲会社が負っていた債務はA個人が負うこととなり、甲会社にとっては不利益を受けることとならない。

　また、変更後の債務者Aが債務を弁済した場合には、甲会社に対し

て求償権を行使することもあり得るが、将来の求償権までも予想して会社法356条または365条（旧商法265条）の規定が適用あると解するまでもないとされる（登先61・121以下）。

かつて、登記実務は、他人の債務を担保するために親権者と未成年の子とが物上保証人として抵当権設定契約をするためには利益相反行為になるとして特別代理人の選任を要する、としていた（昭33・4・4民甲715～子の利益を重視する実質的判断説）。しかし、その後において、親権者から未成年の子に対する求償権の可能性までも考慮する必要はなく、抵当権設定行為のみで判断し（ケーススタディ40選43頁）、利益相反行為に該当しない、と先例を変更した（昭37・10・9民甲2819～動的取引を重視する形式的判断説（外形説）に変更した。判例もこの見解を採る（最判昭42・4・18判時483・34））。

Q88 債務者を代表取締役から会社に変更

甲会社の代表取締役Ａ所有の不動産に、甲会社の代表取締役Ａ個人を債務者として抵当権設定登記をしているところ、免責的債務引受によって、債務者を甲会社に変更するには取締役会の承認を要するか。

A　承認を要しない。

解　説

取締役会の承認を要しない（登研588・207～取締役会設置会社の場合）。取締役会設置会社でない株式会社の場合は、株主総会における承認決議を要しない。

第2章　第6　抵当権変更と利益相反行為

　「取締役の債務を会社が免責的に引き受けるという行為は、実体的には利益相反行為にあたるが、登記申請の場面で見る限り、債務者の変更は、既に有効に成立している抵当権の被担保債権を特定する一要素を変更するに過ぎず、一定の担保価値を把握するという抵当権の本質的効力にはかかわらない変更であることから、会社が設定者である場合はともかくとして、登記申請の当事者でない会社の取締役会議事録の添付まで要求する必要性は乏しい」（協議結果集37頁）。

第3章　抵当権移転の登記

206

第1 抵当権者の相続

Q89 遺産分割協議による取得

遺産分割協議により抵当権の被担保債権を単独で取得した相続人は、単独で相続による抵当権移転登記を申請することができるか。

A 単独申請により、抵当権移転登記を申請することができる。

解　説

共同相続人間の遺産分割協議によって抵当権の被担保債権を取得した相続人は、相続開始の時にさかのぼって当該抵当権および被担保債権を相続により取得することになるから（民909本文）、当該相続人は、単独で、相続による抵当権の移転登記を申請することができる。なお、抵当権の被担保債権が金銭債権であって、可分することが可能であっても、抵当権を分割することはできない（不動産登記実務の視点Ⅲ266頁）。

Q90 特別受益証明書と申請人

抵当権者の共同相続人Ａ・Ｂ・Ｃのうち、Ｂ・Ｃの特別受益証明書を提供して、Ａは相続による抵当権移転登記を申請することができるか。

A Ａの単独申請により、抵当権移転登記を申請することができる。

第3章 第1 抵当権者の相続

解　説

1　原則として抵当権の準共有

　抵当権者の相続開始により、抵当権の被担保債権は、共同相続人の法定相続分に応じて相続され（民896・898）、この債権を担保している抵当権も、共同相続人の法定相続分に応じて相続されることになる。準共有となった抵当権の各抵当権者の持分は、登記事項である（不登59四、記録例391）。通常は、相続人各自の有する債権額によって持分を算出している。抵当権の被担保債権が金銭債権であって、可分することが可能であっても、抵当権を分割することはできない（不動産登記実務の視点Ⅲ266頁）。

2　特別受益者がある場合

　共同相続人A・B・CのうちB・Cが被相続人（抵当権者）から受けた遺贈または贈与の価額が、相続分の価額に等しく、またはこれを超えるときは、受遺者または受贈者（B・C）は、その相続分を受けることができないとされている（民903②）。この場合、Aは単独で、特別受益者BおよびCの作成した特別受益証明書（印鑑証明書付）を提供して、当該抵当権の登記名義人をAとする抵当権移転登記を申請することができる（登研479・124）。

Q91　同一の申請情報による移転の可否

　同一不動産上に抵当権者を同じくする複数の抵当権設定登記がされている場合、相続または合併による抵当権移転登記を1件の申請情報ですることができるか。

A　　　1件の申請情報で申請することができる。

第3章 第1 抵当権者の相続　　209

解　　説

　同一不動産上に抵当権者を同じくする複数の抵当権が多数あり、そ
れぞれの登記原因・日付、債権額等の内容を異にする場合でも、抵当
権の移転登記の登記原因および登記の目的が同一であれば、同一の申
請情報で抵当権の移転の付記登記を申請することができる（昭28・4・6
民甲547、登研408・94）。

Q92　休眠担保権抹消と相続登記

　休眠担保権を抹消する場合において、抵当権者に相続が開始し
ているときは、抵当権の移転登記を要するか。

A　　　相続による抵当権の移転登記を要しない。

解　　説

　登記義務者（抵当権者）が死亡し相続の開始していることは明らか
であるが、その相続人の行方が不明の場合、不動産登記法70条3項後段
［休眠担保権の抹消］の被供託者は、その相続人であることを要する
が（昭和63年登記官会同82頁）、制度の趣旨から相続による抵当権の移転
の付記登記は、する必要がない（昭和63年登記官会同81頁）。

Q93　申請情報・添付情報

　相続による抵当権移転登記の申請情報・添付情報を示せ。

A　　　次のとおり。

210　第3章　第1　抵当権者の相続

登 記 申 請 書

登記の目的　　何番抵当権移転
原　　　因　　平成○年○月○日相続　❶
抵 当 権 者　　（被相続人　A）
　　　　　　　　○市○町○丁目○番地　❷
　　　　　　　　　持分2分の1　B
　　　　　　　　○市○町○丁目○番地　❸
　　　　　　　　　2分の1　C
添 付 情 報　❹
　　　　　登記原因証明情報　　代理権限証書
（以下省略）

❶　抵当権者が死亡した日。

❷❸　抵当権者の相続人が複数人の場合は、各人の持分を記載する（不登59四）。

❹　登記原因証明情報

　　被相続人（抵当権者）の出生から死亡に至るまでの事項が記載された（除）戸籍謄本、相続人の戸籍謄（抄）本を提供する。遺産分割協議による場合は遺産分割協議書、その他、特別受益証明書、相続放棄申述受理証明書等も必要に応じて提供する。

＜登録免許税＞

　　課税価格に1000分の1の税率を乗じて計算した額（登税別表一・一・（六)イ）。100円未満切捨て（税通119①）。

第3章　第2　抵当権者の合併　　　211

第2　抵当権者の合併

Q94　抵当権者が存続会社

抵当権者が合併の存続会社である場合、合併による抵当権の移転または変更の登記は必要か。

A　抵当権者が存続会社であるときは、当該抵当権者について合併による抵当権の移転または変更の登記をすることはない。

解　説

吸収合併後存続する会社は、合併契約で定めた合併の効力発生日（会社749①六）に、吸収合併により消滅する会社の権利義務を承継する（会社750①）。したがって、存続会社である抵当権者たるＡ株式会社がＢ株式会社を吸収合併したときは、Ａ株式会社は抵当権付債権をＢ株式会社から承継するわけではないので、合併に基づく抵当権に関する登記（例：抵当権移転登記、抵当権変更登記）をすることはない。

Q95　申請情報・添付情報

吸収合併により抵当権者であるＡ株式会社がＢ株式会社に吸収合併された場合の抵当権移転登記の申請情報・添付情報を示せ。

A　合併により消滅するＡ株式会社が有する抵当権付債権を、Ｂ株式会社が承継した場合にする抵当権移転登記の申請情報、添付情報は次のとおりである。

212　　　　第3章　第2　抵当権者の合併

登 記 申 請 書

登記の目的　　何番抵当権移転　❶

原　　　因　　平成○年○月○日合併　❷

権　利　者　　（被合併会社　A株式会社）❸

　　　　　　　　○市○町○丁目○番地　❹

　　　　　　　B株式会社

　　　　　　　（会社法人等番号　○○○○－○○－○○○○○○）

　　　　　　　　代表取締役　　○○○○

添 付 情 報　❺

　　　　登記原因証明情報　　会社法人等番号　　代理権限証書

（以下省略）

❶　合併により消滅する抵当権登記名義人A株式会社が有していた抵当権の被担
　保債権が合併後の存続会社に移転すると、随伴性により、抵当権も存続会社に
　移転する。

❷　吸収合併の場合は、合併契約で定めた合併の効力発生日（会社749①六）を記
　載する。吸収合併であっても単に「合併」とする（記録例392）。

❸　合併により消滅する抵当権登記名義人A株式会社を記載する。

❹　合併により抵当権付債権を承継したB株式会社を記載する。

❺　登記原因証明情報としては、合併の記載がある存続会社の登記事項証明書を
　提供しなければならない（不登令別表22項添付情報欄）。合併契約書を登記原
　因証明情報とすることはできない（平18・3・29民二755・1）。なお、存続会社の
　会社法人等番号を提供したときは、存続会社の登記事項証明書の提供に代える
　ことができる（平27・10・23民二512・2(4)ア）。

＜登録免許税＞

　　課税価格に1000分の1の税率を乗じて計算した額（登税別表一・一・（六）イ）。
　100円未満切捨て（税通119①）。

第3章　第3　会社分割　　　213

第3　会社分割

Q96　会社分割と抵当権移転

　抵当権者に会社分割があった場合、抵当権は分割承継会社または分割設立会社に移転するか。

A　　　吸収分割契約または新設分割計画の定めにより、分割会社の抵当権の被担保債権が分割承継会社または分割設立会社に移転した場合には、抵当権も移転する。

解　　説

　会社分割は、吸収分割の場合にあっては吸収分割契約で定めた会社分割の効力発生日に、また、新設分割の場合にあっては会社分割により設立した会社（以下「分割設立会社」という）の成立の日に、それぞれ効力を生じ、分割承継会社（分割会社の権利義務を承継する会社）または分割設立会社は、吸収分割契約または新設分割計画の定めに従い、会社分割をする会社（以下「分割会社」という）の権利義務を承継する（会社758七・759①・761①・764①・766①）。

　抵当権者を分割会社とする会社分割によって、分割会社が有していた抵当権の被担保債権が、吸収分割契約または新設分割計画の定めに従い分割後の分割承継会社または分割設立会社に移転した場合には、抵当権は随伴性により、分割承継会社または分割設立会社に移転する。

Q97　申請情報・添付情報

　抵当権者である分割会社の抵当権が、分割承継会社または分割設立会社に承継された場合の申請情報・添付情報を示せ。

214 第3章　第3　会社分割

A 　会社分割により、分割会社が有する抵当権を、分割承継会社または分割設立会社に承継する抵当権移転登記の申請情報、添付情報は次のとおりである。

登　記　申　請　書

登記の目的　　何番抵当権移転
原　　　因　　平成○年○月○日会社分割　❶
権　利　者　　○市○町○丁目○番地　❷
　　　　　　　　Ｂ株式会社
　　　　　　　　（会社法人等番号　○○○○－○○－○○○○○○）
　　　　　　　　代表取締役　○○○○
義　務　者　　○市○町○丁目○番地　❸
　　　　　　　　Ａ株式会社
　　　　　　　　（会社法人等番号　○○○○－○○－○○○○○○）
　　　　　　　　代表取締役　○○○○
添 付 情 報　❹
　　　　　登記原因証明情報　　　登記識別情報　　　会社法人等番号
　　　　　代理権限証書
（以下省略）

---

❶　原因日付は「会社分割の効力発生の日」であり、吸収分割の場合は吸収分割契約で定めた会社分割の効力発生日、新設分割の場合は本店の所在地における設立登記の日となる（会社758七・759①・764①・766①・49）。

❷　分割承継会社または分割設立会社を記載する（平13・3・30民二867第2・1(1)）。

❸　抵当権登記名義人である分割会社を記載する（平13・3・30民二867第2・1(1)）。

❹①　登記原因証明情報（不登61）

　　㋐　吸収分割における登記原因証明情報（不登61）

　　　　吸収分割における登記原因証明情報（不登61）としては、分割契約書および会社分割の記載がある分割承継会社の登記事項証明書を提供する（平18・3・29民二755・1(2)）。なお、分割承継会社の会社法人等番号を提供し

第3章　第3　会社分割　　　215

たときは、分割承継会社の登記事項証明書の提供に代えることができる（平27・10・23民二512・2(4)ウ）。

吸収分割の場合には、「効力発生日」を分割契約書において定めることとされ（会社758七）、分割承継会社は、その効力発生日に分割会社の権利義務を承継することとされた（会社759①）。これにより、その本店の所在地における吸収分割の登記は、吸収分割の効力発生要件ではなく、第三者対抗要件とされた（会社908①）。しかし、第三者対抗力を有していない吸収分割に伴う物権変動を登記することは妥当ではない。したがって、吸収分割による承継を登記原因とする権利の移転の登記の申請においては分割契約書および会社分割の記載がある分割承継会社の登記事項証明書を、登記原因を証する情報として申請情報と併せて提供しなければならず、分割契約書のみをもって登記原因証明情報とすることはできない（平18・3・29民二755・1(2)）。

　ロ　新設分割における登記原因証明情報（不登61）

新設分割の場合は、分割設立会社は、その本店の所在地において設立の登記をすることによって成立し（会社49）、その成立の日に分割会社の権利義務を承継する（会社764①）。したがって、新設分割による承継を登記原因とする権利の移転の登記の申請においては分割契約書および会社分割の記載がある分割設立会社の登記事項証明書を、登記原因証明情報として申請情報と併せて提供しなければならない（平18・3・29民二755・1(1)）。なお、分割設立会社の会社法人等番号を提供したときは、分割設立会社の登記事項証明書の提供に代えることができる（平27・10・23民二512・2(4)ウ）。

②　登記識別情報（不登22）

会社分割による権利義務の承継は、会社分割の効力発生時において法律上当然に生ずる包括的な承継の性質を有するとされている（平13・3・30民二867第1・3）。しかし、会社分割による権利の移転登記は、登記権利者および登記義務者の共同申請を原則（単独申請の例：判決による登記の申請）とすることから（平13・3・30民二867第2・1(1)）、登記義務者である抵当権登記名義人が抵当権を取得したときに通知された抵当権取得の登記識別情報を提供しなければならない。

第4 債権譲渡

Q98 債権譲渡による抵当権移転登記

抵当権の被担保債権が譲渡されると、抵当権も移転するか。

A 当事者が特に反対の意思表示をしない限り、抵当権の随伴
性により、抵当権も譲受人に移転する。

解　説

抵当権の被担保債権が、売買、贈与等の移転契約により、債権の同
一性を変えないで、譲渡人から譲受人に移転した場合には、当事者が
特に反対の意思表示をしない限り、抵当権の随伴性により、抵当権も
譲受人に移転する（民466・467参照）。この抵当権の移転登記は、譲受人
を登記権利者、譲渡人を登記義務者とする共同申請によって行う。

Q99 申請情報・添付情報

抵当権者から第三者に対して債権譲渡がされ、これに伴って抵
当権が移転された場合の抵当権（一部）移転登記の申請情報・添
付情報を示せ。

A 抵当権の移転の形態により、申請情報・添付情報は次のと
おりである。

登 記 申 請 書

登記の目的　　何番抵当権（一部）移転　❶
原　　　因　　平成○年○月○日債権（一部）譲渡　❷

第3章　第4　債権譲渡　　　217

> 譲　渡　額　　金1000万円　❸（抵当権の一部移転の場合）
>
> 権　利　者　　○市○町○丁目○番地　❹
> 　　　　　　　　C株式会社
> 　　　　　　　（会社法人等番号　○○○○－○○－○○○○○○）
> 　　　　　　　　代表取締役　　○○○○
> 義　務　者　　○市○町○丁目○番地　❺
> 　　　　　　　　A株式会社
> 　　　　　　　（会社法人等番号　○○○○－○○－○○○○○○）
> 　　　　　　　　代表取締役　　○○○○
> 添 付 情 報　❻
> 　　　　　　登記原因証明情報　　登記識別情報　　会社法人等番号
> 　　　　　　代理権限証書
> （以下省略）

❶❷　抵当権の移転の形態により、登記の目的、登記原因、その日付は次のように
なる。

（注）	抵当権の移転形態	登記の目的	登記原因・日付
1	抵当権の全部移転	○番抵当権移転	年月日債権譲渡
2	抵当権の一部移転	○番抵当権一部移転	年月日債権一部譲渡
3	準共有抵当権の持分移転	○番抵当権A持分移転	年月日債権持分譲渡

（注1）　被担保債権が全部が譲渡され、抵当権が随伴した場合である。

（注2）　被担保債権の一部が譲渡され、抵当権の一部が随伴した場合である。

（注3）　AとBが準共有する抵当権の被担保債権のうち、A持分のみがCに譲

渡されたことにより、抵当権のＡ持分がＣに移転した場合である。

❸　抵当権の一部移転の場合には、移転した債権額を記載する（不登59四）。なお、「○番抵当権Ａ持分移転」（❶❷（注3））の場合は、抵当権登記名義人の持分（一般的には債権額）の割合が登記記録に表示されているので（不登84、昭35・3・31民甲712参照）、移転した債権額を記載することを要しない。

❹　抵当権を譲り受けた者を記載する。

❺　抵当権を譲り渡した者を記載する。

❻　登記識別情報としては、登記義務者が抵当権を取得した際に登記所から通知された登記識別情報（不登22）が該当する。

＜登録免許税＞

　登録免許税は、抵当権の移転の形態により次のようになる（登税10・別表一・一・(六)ロ）。

登記の目的	課税価格	登録免許税
○番抵当権移転	債権額全額	1000分の2
○番抵当権一部移転	移転した債権額	1000分の2
○番抵当権Ａ持分移転	移転した債権額	1000分の2

Q100　譲受無担保債権の抵当権設定

　無担保債権を譲り受け、この譲受債権を抵当権で担保する場合の登記原因は何か。

A　　「年月日債権譲渡（譲渡人Ａ）にかかる債権年月日設定」とする。

第3章　第4　債権譲渡　　　219

解　説

　無担保債権の譲渡を受け、これを被担保債権として抵当権を設定する場合の登記原因は、譲渡を受けた債権を特定するために「平成○年○月○日債権譲渡（譲渡人Ａ）にかかる債権平成○年○月○日設定」とする（登研624・168）。

　なお、被担保債権が同日に譲渡を受けた多数の無担保債権の中の特定の債権である場合の登記原因は、当該債権を原契約により特定し、「平成○年○月○日債権譲渡（原契約平成○年○月○日金銭消費貸借・譲渡人Ａ）にかかる債権平成○年○月○日設定」とする（登研624・168）。この登記原因は、独立行政法人住宅金融支援機構が抵当権者となる抵当権設定登記の登記原因として用いられている。

Q101　連帯債務者1人の債権譲渡
　　抵当権者が連帯債務者4名のうちの1名に対する債権を第三者に譲渡した場合の登記申請手続は。

A　　　登記の目的を「抵当権一部移転」、登記原因を「年月日債権譲渡（連帯債務者何某に係る債権)」とする。

解　説

　連帯債務は、各債務者が各自全部の給付をすることを内容とする独立の債務を負担するものであるから、債権者は連帯債務者の1人に対する債権のみを独立して譲渡することができる（大判大8・12・15民録25・2303）。

　抵当権者甲が、連帯債務者をＡ・Ｂ・Ｃ・Ｄとする被担保債権につ

き、Dに対する債権を乙に譲渡した場合には、登記の目的を「抵当権一部移転」、登記原因を「年月日債権譲渡（連帯債務者Dに係る債権）」とする登記の申請をすることができる（平9・12・4民三2155）。当該抵当権は、甲と乙の準共有となる。

　本設問の場合は、通常の債権の一部譲渡と異なり、譲渡額を申請情報の内容とする必要はない（不登令別表57項申請情報欄参照。登記研究608号179頁は、登録免許税の算出について「課税価格は、原抵当権の債権額である」としている）。また、抵当権の一部移転登記であって債務者の変更登記ではないので、原抵当権の債務者Dについては抹消記号を付さない。

＜登録免許税＞

　原抵当権の被担保債権の「債権額」を課税価格とし、その1000分の2が登録免許税となる（登研608・179）。

新債権法への対応

> Q102　譲渡制限特約付債権の譲渡
> 　抵当権の被担保債権が譲渡制限特約付きの場合、被担保債権と共に抵当権の移転登記をすることができるか。

A　　　譲渡制限特約付債権の譲受人が、譲渡制限特約について悪意または重過失であっても、その譲渡は有効である。この場合、譲渡人から譲受人への抵当権の移転登記をすることができる。

解　　説

　改正後の民法466条の規定は、次のとおりである。1項は改正前の民法と同じで変更はなく、2項以下が変更された。

第3章 第4 債権譲渡 221

【改正後の民法466条（債権の譲渡性）】
① 債権は、譲り渡すことができる。ただし、その性質がこれを許さないときは、この限りでない。
② 当事者が債権の譲渡を禁止し、又は制限する旨の意思表示(以下「譲渡制限の意思表示」という。) をしたときであっても、債権の譲渡は、その効力を妨げられない。
③ 前項に規定する場合には、譲渡制限の意思表示がされたことを知り、又は重大な過失によって知らなかった譲受人その他の第三者に対しては、債務者は、その債務の履行を拒むことができ、かつ、譲渡人に対する弁済その他の債務を消滅させる事由をもってその第三者に対抗することができる。
④ 前項の規定は、債務者が債務を履行しない場合において、同項に規定する第三者が相当の期間を定めて譲渡人への履行の催告をし、その期間内に履行がないときは、その債務者については、適用しない。

　改正前の民法では、譲渡された債権が譲渡制限の意思表示がされ、譲受人がそのことを知っていた場合（悪意の場合）には、その債権の譲渡は無効とされていた（改正前民466②）。無効の場合には、債権譲渡を原因とする抵当権移転登記の申請はすべきではなかった。
　しかし、改正後の民法においては、債権の譲渡制限の意思表示に反する債権譲渡も譲受人の悪意、重過失を問わず有効とされることから（改正民466②）、譲渡制限の対象となっている債権を被担保債権とする抵当権の移転登記を申請することができる。

第5　代位弁済

> **Q103　代位弁済による抵当権移転**
>
> 　債務者以外の者が債務者に代わって弁済したときは、抵当権は移転するか。

　A　　債務者以外の者が債務者に代わって抵当権の被担保債権を弁済したときは、被担保債権および抵当権は移転する。

解　説

1　弁済による代位

　債務者以外の者が債務者に代わって債権者に弁済したときは、弁済者は債務者に対する求償権を取得する（以下、この弁済者を「代位弁済者」という）。代位弁済者の求償権を確保するため、債権者が有していた抵当権の被担保債権や抵当権を消滅させずに代位弁済者に移転させる、これが「弁済による代位」であり、代位を生ずる弁済を「代位弁済」という。代位弁済者の代位には、法定代位と任意代位とがある。

　代位弁済者の弁済額（求償債権額）が原債権の債権額を超えるときは、原債権および抵当権の全部が代位弁済者に移転する。弁済額が原債権の債権額より小であるとき（債権の一部について代位弁済があったとき）は、その弁済額の割合に応じて原債権の一部および抵当権が一部の代位弁済者に移転する（抵当権の準共有（民502①））。

　一部の代位弁済者は、その弁済した価額に応じて債権者と共にその権利（抵当権の実行）を行うことができるが、競売代金の配当については、債権者に優先される。判例は、この理由を「弁済による代位は代位弁済者が債務者に対して取得する求償権を確保するための制度で

あり、そのために債権者が不利益を被ることを予定するものではなく、この担保権が実行された場合における競落代金の配当について債権者の利益を害するいわれはないからである」としている（最判昭60・5・23判時1158・192）。

2 法定代位

弁済をするについて正当な利益を有する者（物上保証人・保証人・連帯債務者・抵当不動産の第三取得者・後順位抵当権者など）は、債権者（抵当権者）の承諾がなくても、弁済によって当然に債権者に代位する。このような代位を法定代位といい、債権の移転につき対抗要件を具備する必要もない（民500）。

法定代位による抵当権移転登記の登記原因は「年月日代位弁済」であり、弁済をした日が登記原因日付となる（不動産登記総覧書式編〈2〉3188ノ7頁の（注2））。

3 任意代位

弁済をするについて正当な利益を有しない第三者が弁済したときは、債権者が弁済を受領したことで弁済による代位についての任意の合意があると解されるので、弁済者は債権者に代位することができる。これを任意代位という。任意代位は、債権譲渡の場合に準じて対抗要件（債権者から債務者への通知または債務者の承諾（民467））を具備しなければならない（民499②）。

任意代位による抵当権移転登記の登記原因は「年月日代位弁済」であり、民法499条1項の規定により債権者の承諾を得た日が登記原因日付となる（不動産登記総覧書式編〈2〉3188ノ7頁の（注2））。

第3章　第5　代位弁済

Q104　代位弁済と登録免許税

（一部）代位弁済による抵当権（一部）移転登記の登録免許税は、どのようになるか。

A　　代位弁済の場合は債権額の1,000分の2、一部代位弁済の場合は一部代位弁済額の1,000分の2である。

解　説

1　債権全部の代位弁済

債権全部の代位弁済による登録免許税の算出につき、課税価格としては、登記されている抵当権の債権額が該当する（登税別表一・一(六)ロ。1,000円未満端数切捨て（税通118①））。

登録免許税は、課税価格の1,000分の2である（登税別表一・一(六)ロ。100円未満端数切捨て（税通119①））。

債務全額代位弁済による抵当権移転登記を受ける場合の課税標準価額（課税価格）は、代位弁済額ではなく、登記記録上の債権額による（登研444・107、元本確定根抵当権について登研355・90参照）。

2　債権一部の代位弁済

登記されている抵当権の債権額の一部が代位弁済された場合は、この一部代位弁済額を課税価格とする（登税10②③。1,000円未満端数切捨て（税通118①））。

登録免許税は、課税価格の1,000分の2である（登税別表一・一(六)ロ。100円未満端数切捨て（税通119①）。元本確定根抵当権についてカウンター相談Ⅱ396頁・411頁参照）。

第3章　第5　代位弁済　　　225

新債権法への対応

Q105　弁済による代位

改正後の民法では、弁済による代位の規定は、どのように改正されたか。

A　　任意代位においては債権者の承諾は、代位の要件ではなくなった。

保証人は、あらかじめ抵当権の登記にその代位を付記登記しなければ、抵当権の目的である不動産の第三取得者に対して債権者に代位することができなかったが、改正後の民法では、この代位の付記登記は第三取得者に対する対抗要件ではなくなった。

解　説

1　弁済による代位・対抗要件

（1）　弁済による代位

改正前の民法は、弁済をしようとする者が「弁済をするについて正当な利益を有する者」か否かによって区別し、改正前の民法499条は任意代位を規定し、同500条は法定代位を規定していた。改正後の民法499条は前述のような「正当な利益を有する者」か否かの条建ての区別をやめて、次のように一本化の規定を置いた。

> 【改正後の民法499条（弁済による代位の要件）】
> 　債務者のために弁済をした者は、債権者に代位する。

この499条により、改正前の民法499条1項で規定していた代位をするについて「債権者の承諾」を要するという要件は削除された。任意

代位において、債権者が第三者から弁済を受けながら、代位の承諾をしないということは不当との考えから削除されたものである（中間試案補足説明295頁）。

(2) 対抗要件

任意代位と法定代位の違いは、債務者または第三者に対する対抗要件の点であり、任意代位の場合には、譲渡人から債務者への通知または債務者の承諾が対抗要件となる。法定代位の場合は、債権者が有していた権利が代位弁済者に移転するので（原債権の法定移転）、債務者または第三者に対する対抗要件を備える必要はない（改正民500かっこ書参照）。

【改正後の民法500条】

　第467条［債権の譲渡の対抗要件］の規定は、前条の場合（弁済をするについて正当な利益を有する者が債権者に代位する場合を除く。）について準用する。

- -

［改正後の民法467条（債権の譲渡の対抗要件）］

① 債権の譲渡（現に発生していない債権の譲渡を含む。）は、譲渡人が債務者に通知をし、又は債務者が承諾をしなければ、債務者その他の第三者に対抗することができない。

② 前項の通知又は承諾は、確定日付のある証書によってしなければ、債務者以外の第三者に対抗することができない（筆者注：2項は改正なし）。

2　代位弁済による抵当権移転

　弁済による代位の効果は、改正後の民法で次のように規定された。

【改正後の民法501条（弁済による代位の効果）】

①　前2条の規定により債権者に代位した者は、債権の効力及び担保としてその債権者が有していた一切の権利を行使することができる。

②　前項の規定による権利の行使は、債権者に代位した者が自己の権利に基づいて債務者に対して求償をすることができる範囲内（保証人の1人が他の保証人に対して債権者に代位する場合には、自己の権利に基づいて当該他の保証人に対して求償をすることができる範囲内）に限り、することができる。

③　第1項の場合には、前項の規定によるほか、次に掲げるところによる。

一　第三取得者（債務者から担保の目的となっている財産を譲り受けた者をいう。以下この項において同じ。）は、保証人及び物上保証人に対して債権者に代位しない。

二　第三取得者の1人は、各財産の価格に応じて、他の第三取得者に対して債権者に代位する。

三　前号の規定は、物上保証人の1人が他の物上保証人に対して債権者に代位する場合について準用する。

四　保証人と物上保証人との間においては、その数に応じて、債権者に代位する。ただし、物上保証人が数人あるときは、保証人の負担部分を除いた残額について、各財産の価格に応じて、債権者に代位する。

五　第三取得者から担保の目的となっている財産を譲り受けた者は、第三取得者とみなして第1号及び第2号の規定を適用し、物上保証人から担保の目的となっている財産を譲り受けた者は、物上保証人とみなして第1号、第3号及び前号の規定を適用する。

第3章　第5　代位弁済

　改正前の民法では、原則として、保証人が債権者に代位弁済した場合には、債権者から保証人に抵当権移転登記をすることができるが(改正前民501柱書前段)、保証人は、あらかじめ抵当権の登記にその代位を付記登記しなければ、抵当権の目的である不動産の第三取得者に対して債権者に代位することができない、とされていた（改正前民501一）。

　しかし、改正後の民法では、抵当権の代位の付記登記を要する旨の規定が削除されたので、保証人は抵当権の代位の付記登記がない場合であっても、代位弁済により抵当権が債権者から保証人に移転したことを第三取得者に対抗することができるようになった(改正民501③一)。3項2号以下については省略。

第4章　抵当権の順位の変更登記

230

第1　順位の変更登記

Q106　順位変更の効力

抵当権の順位の変更とは、どのようなことか。

A　同一不動産上に設定された抵当権間の優先弁済権の順序を変更することをいう。

解　説

1　順位の変更

　抵当権の順位の変更とは、同一不動産上に設定登記された数個の抵当権の順位を、各抵当権者の合意により、また利害関係人がある場合にはその者の承諾を得て、絶対的に変更することをいう（民374①）。順位の変更は、抵当権相互間、根抵当権相互間、抵当権と根抵当権の間、不動産質権および不動産を目的とする登記のある先取特権相互間、不動産質権および前掲の先取特権と抵当権・根抵当権相互間においてもすることができる（新根抵当法200頁）。

　抵当権の順位の変更は、優先弁済権の順序を変更するものであり、当初から変更後の順位で抵当権が設定登記されていたのと同じ効果を生じる。

　抵当権の順位の変更は、抵当権の優先弁済権の順序を変更するものであるから、抵当権と用益権（例：地上権等）または抵当権と甲区にされた登記（例：差押登記、所有権に関する仮登記等）との間では順位の変更の登記をすることができない。Q107参照。

　順位の変更は、順位の変更登記をしなければ、その効力を生じない（民374②）。

2 未登記抵当権の順位の変更

同一の不動産に設定された抵当権の順位は登記の前後によるから（民373）、抵当権の順位の変更は、登記された抵当権についてのみすることができ、未登記抵当権との間では順位変更の登記をすることができない。したがって、各抵当権の順位変更の合意の日は、抵当権設定契約の日以後ではなく、当該抵当権設定の登記の日以後でなければならない（登研367・136）。

Q107 順位変更の可否

抵当権と他の権利との間で、順位の変更登記をすることができるか。

A　　　抵当権と乙区の担保権との間では順位の変更ができる。抵当権と用益権、賃借権、所有権に関する権利との間では順位の変更ができない。

解　説

1 順位の変更ができる登記

次の登記の間では、順位の変更登記をすることができる。

① 抵当権と他の担保権

抵当権、不動産質権、不動産を目的とする登記のある先取特権の間では、順位の変更ができる（新根抵当法200頁）。

② 抵当権の仮登記

抵当権と抵当権設定の仮登記の間、または抵当権設定の仮登記の

相互間では、順位の変更ができる。仮登記は、不動産登記法105条1号、2号のいずれのものであってもよい(根抵当登記実務一問一答205頁)。

③　相続税債権を担保する抵当権

　相続税債権を担保するための抵当権とそれ以外の抵当権の間では、順位の変更ができる（根抵当登記実務一問一答207頁）。

④　転抵当権

　同一の抵当権を目的とする数個の転抵当権の順位を同順位とする順位変更の登記は、受理される（昭58・5・11民三2984）。

　転抵当権の登記は目的抵当権についての付記登記によってなされ（不登規3四）、同一抵当権についての転抵当権の優先順位は、付記登記の前後による（不登4②、民376②）。本件先例の事案は、1つの抵当権を目的として数個の転抵当権が設定されたものであり、この場合の転抵当権の順位の変更は付記登記の順位を変更するものである。

⑤　主登記でされた抵当権の効力を所有権全部に及ぼす変更の登記がある抵当権

　A・B共有の土地のA持分に甲根抵当権設定後、AがB持分全部を取得しA単有となった。その後、乙抵当権、丙抵当権と設定された。このたび「A根抵当権の効力を所有権全部に及ぼす変更」登記を、乙の承諾を得られないので主登記で申請した。この場合、当該主登記と丙抵当権との間の順位の変更の登記の申請はすることができる（登研486・134）。

〔事例図〕

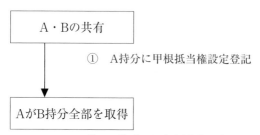

① A持分に甲根抵当権設定登記

① A持分に甲根抵当権設定登記済
② A単有となる。
③ 乙抵当権設定登記
④ 丙抵当権設定登記
⑤ 「A根抵当権の効力を所有権全部に及ぼす変更」登記をしようとしたが、乙の承諾を得られないので、主登記で申請した。
⑥ 主登記による変更登記（前記⑤）と丙抵当権設定登記との間で、順位の変更登記ができる。

2 順位の変更ができない登記

次の登記の間では、順位の変更登記をすることができない。
① 抵当権と用益権

抵当権と用益権（地上権、地役権、永小作権等）とでは、順位の変更をすることができない（不動産登記実務の視点Ⅲ424頁）。

民法が認める抵当権の順位の変更とは、優先弁済権の順序を変更するものであり（民374①）、抵当権と用益権間の順位の変更は認められていない。

② 抵当権と賃借権

抵当権と賃借権（仮登記を含む）とでは、順位の変更をすることができない（不動産登記実務の視点Ⅲ424頁）。

③ 抵当権と所有権に関する権利

抵当権と所有権に関する権利（所有権に関する仮登記、差押登記等）とでは、順位の変更をすることができない（新根抵当法201頁）。

Aが有する順位1番の根抵当権の設定登記と同時に、当該根抵当権の債務不履行を停止条件とする代物弁済契約による所有権の仮登記を受けている場合に、順位1番のAの根抵当権と順位2番のBの抵当権とを順位の変更登記をしても、Aが根抵当権に付した停止条件付所有権移転仮登記は、順位の変更後のBの抵当権に優先する（登研306・35）。

甲　区	乙　区
（甲）所有権保存 順位1番　（A）条件付所有権移転 　　　　　仮登記（条件　1番根抵 　　　　　当権の債務不履行）	順位1番　（A）根抵当権設定 順位2番　（B）抵当権設定 順位3番　1番2番順位変更 　　　　　第1　2番抵当権 　　　　　第2　1番根抵当権

Q108　順位変更の態様

抵当権の順位の変更には、どのような態様があるか。

A　　優先弁済権の先後を入れ替えるもの、同順位とするもの、同一の抵当権者が順位の変更をするもの等がある。

解　説

抵当権の順位の変更の主な態様を掲げる。

(1)　優先弁済権の先後を入れ替える例

1番抵当権（A）、2番抵当権（B）、3番抵当権（C）とあるのを、「第1　3番抵当権（C）、第2　2番抵当権（B）、第3　1番抵当権（A）」とする例がある。

(2)　同順位とする例

1番抵当権（A）、2番抵当権（B）、3番抵当権（C）とあるのを、「第1　1番抵当権（A）、第1　2番抵当権（B）、第1　3番抵当権（C）」とする例がある。

(3)　抵当権者（A）が自己の抵当権の順位を変更する例

1番抵当権（A）、2番抵当権（A）とあるのを、「第1　1番抵当権（A）、第1　2番抵当権（A）」とする例がある。

順位の変更の登記原因は、通常（前記(1)(2)）は「年月日合意」であるが、同一の抵当権者が順位の変更をする場合は順位の変更という概念がないので、「年月日変更」となる。

Q109　順位変更の申請人
順位の変更の登記は、誰が申請人となるか。

A　　順位の変更の当事者である抵当権登記名義人の全員が申請人となる。

解　説

抵当権の順位の変更の登記の申請は、順位を変更する抵当権の登記名義人全員が共同してしなければならない（不登89①、昭46・10・4民甲

3230)。例えば、後掲〔申請人の図1〕では、A、B、C全員が順位変更の登記の申請人となる。第2順位Bは、順位の変更後において自分よりも先順位の抵当権の債権額が大きくなっても、あるいは小さくなっても、順位変更の登記の申請人となる。

　順位の変更の登記には、申請人に登記権利者、登記義務者の概念はなく、いわゆる合同申請である。

〔申請人の図1〕

順位番号1番	Aの抵当権設定
順位番号2番	Bの抵当権設定
順位番号3番	Cの抵当権設定
順位番号4番	1番、2番、3番順位変更 　　　第1　3番抵当権　　（Cの抵当権） 　　　第2　2番抵当権　　（Bの抵当権） 　　　第3　1番抵当権　　（Aの抵当権）

A・B・Cの順位変更登記の申請人となる。

〔申請人の図2〕

　抵当権の間に賃借権や地上権を挟む場合には、順位変更に関係ある抵当権者のみが順位変更の登記の申請人となる。

順位番号1番	Aの抵当権設定
順位番号2番	Bの賃借権設定
順位番号3番	Cの抵当権設定
順位番号4番	1番、3番順位変更 　　　第1　3番抵当権　　（Cの抵当権） 　　　第2　1番抵当権　　（Aの抵当権）

A・Cの順位変更登記の申請人となる。

〔申請人の図3〕

　順位変更の登記を完了した〔申請人の図1〕後に、更にAとDの間で順位の変更をする場合は、AとDだけが順位の変更登記の申請人となる（昭46・12・27民三960）。

〔申請人の図1〕の順位変更完了	順位番号1番	Aの抵当権設定	
	順位番号2番	Bの抵当権設定	
	順位番号3番	Cの抵当権設定	
	順位番号4番	1番、2番、3番順位変更 　　第1　3番抵当権　　（Cの抵当権） 　　第2　2番抵当権　　（Bの抵当権） 　　第3　1番抵当権　　（Aの抵当権）	
二回目の順位変更	順位番号5番	Dの抵当権設定	
	順位番号6番	1番、5番順位変更 　　第1　5番抵当権　　（Dの抵当権） 　　第2　1番抵当権　　（Aの抵当権）	AとDは順位変更・登記の申請人となる。

Q110　利害関係人の承諾

　抵当権の順位の変更登記をするにつき利害関係人があるときは、その利害関係人の承諾を要するか。

A　　　抵当権の順位の変更登記をするにつき利害関係を有する者があるときは、その承諾を得なければならない。

┌ 解　　説 ┐

1　利害関係を有する者

　抵当権の順位は、各抵当権者の合意によって変更することができる

が、利害関係を有する者があるときは、その承諾を得なければならない（民374①）。抵当権の順位の変更について「利害関係を有する者」とは、順位変更の結果、不利益を受ける者をいい、例えば、順位の変更に係る抵当権を目的とする転抵当権者、被担保債権の差押債権者等がある。

　これに対し、順位の変更により順位が上がる抵当権を目的とする者については、利害関係人とならない。また、甲区の所有権を目的とした（仮）差押債権者や所有権の移転仮登記もしくは移転請求権仮登記、用益権者は、順位の変更の当事者とならないので、順位の変更についての利害関係人となることはない。

2　利害関係人の承諾を証する情報

　抵当権の順位の変更について「利害関係を有する者」があるときは、その者が抵当権の順位の変更をすることにつき承諾したことを証する情報を提供しなければならない（不登令7①五ハ）。承諾を証する情報が書面で作成されている場合には、この情報に記名押印した者の印鑑証明書を添付し（不登令19②）、法人の場合には代表者の資格を証する情報を提供しなければならない。ただし、当該法人の会社法人等番号を提供したときは、その代表者の資格を証する情報の提供に代えることができる（平27・10・23民二512・2(4)イ）。

Q111　申請情報・添付情報

順位変更の登記の申請情報・添付情報を示せ。

A　　　順位の変更登記の申請情報は、次のとおりである。なお、申請情報の事例は、次の表のとおりとする。

第4章 第1 順位の変更登記

順位変更前の順位（乙区）	順位変更後の順位（乙区）
順位番号1番 抵当権（A）	第1 順位番号3番 抵当権（C）
順位番号2番 抵当権（B）	第2 順位番号2番 抵当権（B）
順位番号3番 抵当権（C）	第3 順位番号1番 抵当権（A）

登 記 申 請 書 ❶

登記の目的　　1番、2番、3番順位変更 ❷

原　　　因　　平成○年○月○日合意（変更）　❸

変更後の順位　第1　3番抵当権 ❹

　　　　　　　第2　2番抵当権

　　　　　　　第3　1番抵当権

申　請　人　　○市○町○丁目○番○号 ❺

　　　　　　　　株式会社A銀行

　　　　　　　　（会社法人等番号　○○○○－○○－○○○○○○）

　　　　　　　　　代表取締役　○○○○

　　　　　　　○市○町○丁目○番○号

　　　　　　　　B信用金庫

　　　　　　　　（会社法人等番号　○○○○－○○－○○○○○○）

　　　　　　　　　代表理事　○○○○

　　　　　　　○市○町○丁目○番○号

　　　　　　　　株式会社C銀行

　　　　　　　　（会社法人等番号　○○○○－○○－○○○○○○）

　　　　　　　　　代表取締役　○○○○

添 付 情 報 ❻

　　　　登記原因証明情報　　登記識別情報　　会社法人等番号

第4章　第1　順位の変更登記　　241

```
　　　（承諾情報）　　　　代理権限証明情報
　（以下省略）
```

❶　抵当権の順位変更の登記申請は不動産ごとに各別の申請情報ですべきであるが、共同担保である場合において、順位変更にかかる抵当権の順位および変更後の順位がすべて同一であるときは、同一の申請情報ですることができる（昭46・12・27民三960第1・1）。

❷　順位変更をする抵当権の順位番号を掲げる。

❸①　順位変更をする抵当権者間で順位変更の合意が成立した日を記載する。順位変更をするにつき利害関係人があるときは、その承諾を要するが（民374①）、抵当権者間で順位変更の合意が成立した日よりも利害関係人の承諾が後である場合は、その承諾の日を記載する（昭46・12・24民甲3630書式(1)（注3))。

②　同一の抵当権者が順位の変更をする場合は「合意」という概念がないので、「年月日変更」となる。

❹　変更後の順位を順位番号で記載する。例えば、次のような事例の場合には、順位変更の当事者でない者(A)は申請情報の「変更後の順位」に記載せず、順位変更の当事者間の優先順位を申請情報に記載する。

［順位変更前］　　　　　　　　　　　　　［順位変更後］

順位番号1番　抵当権(A)　　　　　　　　順位番号1番　抵当権(A)

順位番号2番　抵当権(B)　　　　　　　　第1　4番抵当権(D)
　　　　　　　　　　　　　　順位
順位番号3番　抵当権(C)　　　変更　　　第2　3番抵当権(C)

順位番号4番　抵当権(D)　　　　　　　　第3　2番抵当権(B)

❺　順位変更の当事者全員の合同申請により行う（不登89①）。

❻①　登記識別情報（不登22本文）

　　順位変更の当事者全員が抵当権を取得した際に通知された登記識別情報を提供する。

② 　承諾情報（不登令7①五ハ）

　　順位変更に係る抵当権を目的として利害関係人があるときは、その者の承諾情報を提供しなければならない。

＜登録免許税＞

① 　原　　則

　　変更に係る抵当権1件につき1,000円であり、変更に係る抵当権の数に不動産の個数を乗じて算出する（登税別表一・一・（八））。本例では、不動産の数を1個とすると、登録免許税は、抵当権1件につき1,000円×抵当権の数3件×不動産の数1個＝3,000円となる。

② 　共同担保の場合

　　共同担保である数個の不動産について順位の変更の登記を同一の申請情報でする場合（❶参照）の登録免許税は、1,000円（登税別表一・一・（八））に抵当権の件数と不動産の個数を乗じて計算して得た額である（昭46・12・27民三960第11）。

③㋑　順位変更の当事者が登録免許税法別表第二の非課税法人と同別表第二の非課税法人以外の法人である場合

　　　登録免許税法別表第二の非課税法人（例：独立行政法人住宅金融支援機構）と同別表第二の非課税法人以外の法人（例：株式会社○○銀行）とが当事者となって抵当権の順位変更の登記を受ける場合においては、当該法人の抵当権の順位が他に優先することとなる場合であっても、当該法人の分を含めて登録免許税が課税される（中小企業金融公庫（平成20年10月1日株式会社日本政策金融公庫に承継）の事案として昭48・10・31民三8188、登研385・83、同483・158参照）。

　㋺　順位変更の当事者全員が国または登録免許税法別表第二に掲げる非課税法人である場合

　　　抵当権の順位変更の登記の申請人全員が国または登録免許税法別表第二に掲げる非課税法人である場合には、順位変更の登録免許税は課せられない（登研314・67）。

第2　順位の変更登記の抹消

Q112　順位変更登記の抹消①

順位変更に係る抵当権が抹消登記された場合、順位変更の登記は抹消されるか。

A　抹消することを要しない。

解　説

順位の変更にかかる抵当権の登記が抹消された場合でも、順位の変更の登記事項中の当該抵当権の表示には、抹消する記号を記録することを要しない（不登規152①、昭46・12・27民三960第1・4参照）。

Q113　順位変更登記の抹消②

抵当権の順位の変更登記後にその順位変更契約を合意解除した場合、順位の変更登記は抹消できるか。

A　順位の変更登記の抹消登記ではなく、新たに順位の変更の登記をしなければならない。

解　説

抵当権の順位の変更登記後に、合意解除によって抵当権を元の順位に変更しようとする場合は、順位の変更登記の抹消登記ではなく、新たに順位の変更の登記をしなければならない（昭46・12・24民甲3630書式(4)「参考事項」、昭46・10・4民甲3230第一・4参照）。順位の変更は、順位の変更の登記をすることによって効力が生じるのであり（民374②）、順位変更契約を合意解除しただけでは、既に発生している順位変更の効力を消滅させることはできない。

第3　順位の変更登記と利益相反行為

Q114　同一代表取締役による順位変更契約

2番抵当権者から包括委任を受けている1番抵当権者の代表者が、双方を代理して順位変更契約をするには、取締役会の承認を要するか。

A　取締役会の承認を要する。

解　説

順位1番（根）抵当権者Ａ（株式会社）、順位2番（根）抵当権者Ｂ（住宅金融公庫）とする抵当権設定登記を、順位2番を順位1番とする順位変更契約が、Ｂから包括委任を受けているＡの代表者が双方を代理して行う場合、取締役会の承認を要する。この承認を証する情報は、順位変更登記の申請の添付情報となる（登研454・133）。

なお、抵当権の順位譲渡の例としてQ129（昭43・4・5民三436）参照。

第5章　抵当権の処分の登記

246

第1 転抵当権設定

Q115 転抵当

転抵当とは、どのような権利か。

A 抵当権者は、自己の有する抵当権を他の債権の担保とすることができる。これを転抵当という。

解　説

1 転抵当の意義

抵当権者が自己の有する抵当権を、他の債権の担保とすることを転抵当という（民376①）。例えば、AがBに5,000万円を融資し、その担保としてB所有の不動産に抵当権を設定した場合において、AがCから5,000万円の融資を受ける担保として、Aが有している前記のB所有不動産に設定した抵当権をCに供する例をあげることができる。この場合、AがB所有の不動産に設定した抵当権を原抵当権、Aを転抵当権設定者（原抵当権者）、Bを原抵当権設定者、Cを転抵当権者という。

抵当権者が数人のためにその抵当権の転抵当をしたときは、その処分の利益を受ける者の権利の順位は、抵当権の登記にした付記の前後による（民376②）。

なお、転抵当をさらに転抵当とすることもできる（記録例430、昭30・5・31民甲1029）。

〔転抵当の図〕

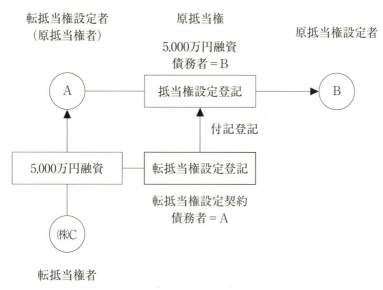

2 転抵当の成立

(1) 転抵当権設定契約

　転抵当は、原抵当権者Aと転抵当権者Cとの転抵当権設定契約により成立する（民376①参照）。この民法376条1項の規定による転抵当権の設定は原抵当権設定者Bの承諾を必要とせず、原抵当権者Aの責任においてなされるものであり、これを「責任転抵当」という。原抵当権設定者Bの承諾を得て行われる「承諾転抵当」も有効であるが、その内容は契約により定まる。責任転抵当は、複雑な法律関係を生ずるためその利用は少ない（生熊・担保物権法99頁）。

(2) 転抵当権と原抵当権との関係

① 　転抵当権の被担保債権額は、原抵当権の被担保債権額を超過しても転抵当権を設定できる。この場合は、転抵当権者は、原抵当権の被担保債権額の範囲内で優先弁済を受ける。

② 　転抵当権の被担保債権の弁済期が、原抵当権の被担保債権の弁済

期より後に到来する場合でも転抵当権を設定できる。この場合は、転抵当権者は、転抵当権の被担保債権の弁済期が到来するまで原抵当権を実行することはできない。

③　抵当権または根抵当権を目的とする転根抵当権設定の登記は受理される（昭49・4・3民三1753）。

④　抵当権を、他の債権の担保として転根抵当とする付記登記はできる（昭40・5・10民甲996）。

Q116　申請情報・添付情報
　転抵当権設定の申請情報・添付情報を示せ。

A　　Q115の1の図を例にすると、抵当権に転抵当権を設定する場合の申請情報・添付情報は、次のとおりである。

登　記　申　請　書

登記の目的　　何番抵当権転抵当
原　　　因　　平成○年○月○日金銭消費貸借同日設定　❶
債　権　額　　金5,000万円　❷
利　　　息　　年○％
損　害　金　　年○％
債　務　者　　○市○町○丁目○番地　❸
　　　　　　　　A
転抵当権者　　○市○町○丁目○番地　❹
　　　　　　　株式会社C
　　　　　　　（会社法人等番号　○○○○－○○－○○○○○○）
　　　　　　　　代表取締役　○○○○

```
設 定 者    ○市○町○丁目○番地 ❺
           A
添 付 情 報  ❻
    登記原因証明情報    登記識別情報    会社法人等番号
    代理権限証書
(以下省略)
```

❶ 転抵当権の被担保債権の発生原因（債権契約名とその発生日）と転抵当権設定契約の成立日を記載する。

❷ 転抵当権設定契約における債権額、利息、損害金を記載する。

❸ 一般的には原抵当権者が転抵当権の債務者となるが、原抵当権者以外の者を債務者とすることもできる。

❹ 転抵当権者を記載する。なお、転抵当権者が株式会社Ｃ銀行の場合には、取扱店を表示することができる（例：株式会社Ｃ銀行（取扱店Ｄ支店））。

❺ 転抵当権設定者（原抵当権の登記名義人）を記載する。転抵当権の設定者は転抵当権設定者（原抵当権の登記名義人）であり、原抵当権設定における原抵当権設定者（所有権登記名義人）ではない。

❻ 転抵当権設定者が抵当権の設定または移転の登記をしたときに通知された登記識別情報（不登22本文）を提供する。原抵当権設定者（所有権登記名義人）の印鑑証明書、登記識別情報は不要である。

＜登録免許税＞

　　転抵当権の登記は、転抵当権の目的となった抵当権の登記に付記登記をするので（民376②）、登録免許税法別表第一の一・（十四）に該当し、不動産1個につき1,000円である。

第2　抵当権のみの譲渡・放棄

> ### Q117　抵当権のみの譲渡
> 抵当権のみの譲渡とは、どのようなことか。

A　抵当権者Aが、Aと債務者を同じくする他の無担保債権者Cの利益のために、抵当権の優先弁済権を譲渡することをいう。AからCに抵当権が移転するわけではない。

解　説

1　抵当権のみの譲渡の効果

抵当権のみの譲渡を、図で示すと次のようになる。

〔抵当権のみの譲渡の図〕

	（債権者・抵当権の有無）	（債権額）	（債務者X所有の不動産）
抵当権のみの譲渡	A　1番抵当権	1,500万円	競売による売却代金
	B　2番抵当権	2,000万円	3,000万円
	C　無担保	1,000万円	

抵当権のみの譲渡の効果

> Aの抵当権の優先弁済権1,500万円の範囲内で、Cが弁済を受け、残りがあればAが弁済を受ける。本例では、Cが1,000万円の配当を受け、Aは残余の500万円について配当を受ける。

抵当権のみの譲渡とは、抵当権者Aが、債務者が同じである他の債権者（受益者）Cの利益のために、抵当権の優先弁済権を譲渡することをいう（民376①）。抵当権のみの譲渡は抵当権の被担保債権を譲渡するものではないから、Aが有する抵当権が無担保債権者Cに移転するものではなく、抵当権を譲渡したAは抵当権を失うわけではない。

抵当権のみの譲渡を前掲図〔抵当権のみの譲渡の図〕でいえば、債務者X所有の不動産に1番抵当権を有する抵当権者Aが、債務者を同じくする無担保債権者Cに抵当権を譲渡したときは、1番抵当権者Aが競売による売却代金から配当を受けるべき1,500万円のうち、無担保債権者Cが自己の債権額1,000万円を限度として、Aの1番の順位で弁済を受けることになる。Aは残る500万円について弁済を受ける（競売に係る諸費用を除いて計算した。）。A・C間の抵当権のみの譲渡は、他の抵当権者Bに対する関係では、何ら影響を及ぼさない。Bにとっては、先順位に1,500万円の抵当権が存在することに変わりはない。抵当権のみの譲渡は、抵当権のみの譲渡の当事者以外の担保権者には、何ら影響を与えない。

抵当権者が数人のためにその抵当権のみの譲渡をしたときは、その処分の利益を受ける者の権利の順位は、抵当権の登記にした付記の前後による（民376②）。

2　同一の債務者

(1)　債務者と抵当権設定者が異なる場合

民法376条1項は、抵当権者は、同一の債務者に対する他の債権者の利益のためにその抵当権を譲渡し、もしくは放棄することができるとしている。したがって、抵当権譲渡人Aの債務者がXであるときは、抵当権譲受人Cの債務者もXに限られるのかが問題となる。

この点につき先例は、抵当権の順位の譲渡または放棄についての事案であるが、第1順位が抵当権者A、その債務者と抵当権設定者がX、第2順位が抵当権者B、Yを債務者、抵当権設定者がXの場合において、A、B間において抵当権の順位の譲渡または放棄をすることができる、としている（昭30・7・11民甲1427）。この先例は、「同一の債務者」には、債務者でない抵当権設定者（第三取得者を含む）をも包含するとして

いる。このことは、抵当権のみの譲渡の場合であっても同様である（不動産登記実務の視点Ⅲ399頁）。

〔先例事案の表〜順位の譲渡・放棄と「同一の債務者」〕

甲不動産（所有者（抵当権設定者）X）	
第1順位	Aの抵当権設定登記　債務者X・抵当権設定者X
第2順位	Bの抵当権設定登記　債務者Y・抵当権設定者X

(2) 債務者と抵当権設定者が異なる場合も「同一の債務者」とする
理由

前掲昭30・7・11民甲1427は、「同一の債務者」には、債務者でない抵当権設定者（第三取得者を含む）をも包含するとしている（前掲(1)の〔先例事案の表〕第2順位の例）。

この理由は、「民法376条1項は、抵当権の処分について通常の場合を規定したものと解され、特に抵当権設定者又は第三取得者に対する債権者のために抵当権の処分を禁止する理由はないのみならず、抵当権設定者又は第三取得者に対する債権者のためにも抵当権のみの譲渡若しくは放棄を必要とする取引も行われる可能性があり、むしろ、これを認めた方が便利である以上、あえて消極に解する必要はないものと考えられたことによるものと思われる。」（不動産登記実務の視点Ⅲ399頁）。

なお、前記のXまたはY以外の者を債務者とする債権者のために、当該抵当権を譲渡もしくは放棄することはできないことはいうまでもない（不動産登記実務の視点Ⅲ399頁）。

254　　第5章　第2　抵当権のみの譲渡・放棄

Q118　申請情報・添付情報

　抵当権のみの（一部）譲渡（または（一部）放棄）の申請情報・添付情報を示せ。

A　　　抵当権のみの（一部）譲渡（または（一部）放棄）の申請情報・添付情報は、次のとおりである。

登　記　申　請　書

登記の目的　＜譲渡または放棄の場合＞　❶
　　　　　　何番抵当権譲渡（または放棄）
　　　　　　＜一部譲渡または放棄の場合＞　❷
　　　　　　何番抵当権一部（金1,000万円のうち500万円）譲渡（または放棄）
原　　　　因　＜譲渡または放棄の場合＞　❸
　　　　　　平成○年○月○日金銭消費貸借平成○年○月○日譲渡（または放棄）
　　　　　　＜一部譲渡または放棄の場合＞　❹
　　　　　　平成○年○月○日金銭消費貸借平成○年○月○日一部譲渡（または放棄）
債　権　額　金○円　❺
利　　　息　年○％
損　害　金　年○％
債　務　者　○市○町○丁目○番地　❻
　　　　　　株式会社X
権　利　者　（受益者）　　　○市○町○丁目○番地　❼
　　　　　　株式会社C
　　　　　　（会社法人等番号　○○○○－○○－○○○○○○）
　　　　　　代表取締役　○○○○
義　務　者　○市○町○丁目○番地　❽
　　　　　　株式会社A

第5章　第2　抵当権のみの譲渡・放棄　　255

```
　　　　　　　（会社法人等番号　○○○○－○○－○○○○○○）
　　　　　　　代表取締役　○○○○
添 付 情 報　❾
　　　　登記原因証明情報　　　登記識別情報　　　会社法人等番号
　　　　代理権限証書
（以下省略）
```

❶ 譲渡（または放棄）する抵当権を特定するために、乙区順位番号または受付
年月日・受付番号を記載する。

❷ 抵当権のみの譲渡が一部譲渡（または放棄）である場合には、譲渡（または放
棄）する抵当権の債権額および一部譲渡（または放棄）する債権額を明示する。

❸ 受益債権（抵当権のみの譲渡（または放棄）の処分の利益を受けた者が有す
る債権）の発生原因と発生日、抵当権のみの譲渡（または放棄）契約成立の日を
記載する。

❹ 一部譲渡（または放棄）の場合は、一部譲渡（または放棄）に係る受益債権の
発生原因と発生日、抵当権のみの譲渡（または放棄）契約成立の日を記載する。

❺ 受益者が有する債権額、利息、損害金を記載する。

❻ 受益者が有する債権の債務者を記載する。

❼ 受益者を記載する。受益者は抵当権の移転を受けるわけではないので、「抵
当権者」と記載しない。

❽ 抵当権のみの（一部）譲渡（または放棄）をした抵当権登記名義人を記載す
る。抵当権のみの（一部）譲渡（または放棄）の登記の申請においては、所有権
登記名義人（抵当権設定者）が登記義務者になることはない。

❾ 登記義務者である株式会社A（抵当権登記名義人、抵当権のみの（一部）譲渡
人（または放棄人））が、本件に係る抵当権を取得したときに通知された登記識
別情報（不登22本文）を提供する。

＜登録免許税＞

　　抵当権のみの（一部）譲渡（または放棄）の登記は、付記登記でされるから
（民376②、不登規3四）、不動産の個数1個につき1,000円である（登税別表一・
一・（十四））。

Q119 抵当権のみの一部譲渡

抵当権のみの一部譲渡をすることができるか。

A 抵当権のみの一部譲渡は、することができる。

解　説

　抵当権者Aが、抵当権者Aと債務者を同じくする他の無担保債権者（受益者）Cに抵当権のみの譲渡をすることは、抵当権者Aが当該抵当権で把握している優先弁済の利益を、受益者C（抵当権者と債務者を同じくする他の債権者C）のために処分するものであるから（民376①）、抵当権者Aが当該抵当権で把握している優先弁済権の全部である必要はなく、優先弁済権の範囲の一部について抵当権のみの譲渡をすることを、抵当権者Aと他の債権者Cとで契約で定めることができる。

　これを後掲〔抵当権のみの一部譲渡の図〕でいえば、競売代価がAの1番抵当権の優先弁済権1,000万円以上ある場合において、Aは他の債権者Cが有する無担保債権700万円全部について抵当権のみの譲渡をするのではなく、700万円のうち500万円について抵当権のみの一部譲渡をすることができる。残る200万円については、Aの抵当権の優先弁済権を使用することはできない。

〔抵当権のみの一部譲渡の図〕

		（債権額）	
債務者X 抵当権設定者X	Aの1番抵当権設定登記	1,000万円	Aの1,000万円の優先弁済権のうち、500万円について抵当権のみの一部譲渡
	Bの2番抵当権設定登記	2,000万円	
債務者X	他の債権者C・無担保	700万円 受益債権	

「受益債権」とは、Q118の❸参照。

第5章 第2 抵当権のみの譲渡・放棄　　257

Q120　受益債権の一部のための抵当権のみの譲渡

受益債権（他の債権）の一部のための抵当権のみの譲渡はできるか。

A　　　受益債権の一部のための抵当権のみの譲渡は、することができる。

| 解　　説 |

本設問の趣旨は、例えば、他の債権者Cの債務者Xに対する債権が1,000万円である場合において、抵当権者Aは他の債権者Cの債権1,000万円のうちの800万円についてのみ抵当権のみの譲渡をすることができるか、というものである。

〔受益債権の一部のための抵当権のみの譲渡の図〕

（債権額）

債務者X 抵当権設定者X	Aの1番抵当権設定登記	1,500万円	Cの1,000万円の うち、800万円 についての抵当 権のみの譲渡
	Bの2番抵当権設定登記	2,000万円	
債務者X	他の債権者C・無担保	1,000万円 受益債権	

先例は、抵当権者Aが、同一の債務者Xに対する他の債権者Cの利益のために、債務者Xに対する他の債権者Cが有する債権（1,000万円）の一部（800万円）について抵当権のみの譲渡をすることができるとしている（根抵当権の極度額の一部のために順位放棄をした事案として昭36・10・4民甲2510）。本設問の場合には、他の債権者Cは1,000万円の債権のうち、抵当権のみの譲渡を受けた800万円を限度として、優先的に配当を受けることができる。

第5章　第2　抵当権のみの譲渡・放棄

Q121　抵当権のみの放棄

抵当権のみの放棄とは、どのようなことか。

A　　抵当権者Aが、Aと債務者を同じくする他の無担保債権者Cのために、Aの抵当権の優先弁済権を放棄し、Aの抵当権の優先弁済権の範囲内でAとCが同順位で、債権額に按分比例して配当を受けることをいう。

解　説

1　抵当権のみの放棄の効果

抵当権者Aが、Aと債務者を同じくする他の無担保債権者Cのために抵当権の優先弁済権を放棄したときは、抵当権者Aが有する優先弁済権の範囲内で、抵当権者Aと抵当権のみの放棄を受けた他の債権者Cとが、同順位で、債権額に按分比例して優先弁済を受けることができる。これを抵当権のみの放棄（抵当権の放棄）という（民376①）。

抵当権のみの放棄は抵当権自体を放棄するものではないから、Aが有する抵当権が無担保債権者Cに移転したり、消滅したりするものではなく、抵当権を放棄してもAは抵当権を失うことはない。抵当権のみの放棄は、抵当権のみの放棄の当事者以外の担保権者には、何ら影響を与えない。

抵当権者が数人のためにその抵当権のみの放棄をしたときは、その処分の利益を受ける者の権利の順位は、抵当権の登記にした付記の前後による（民376②）。

第5章　第2　抵当権のみの譲渡・放棄　　259

〔抵当権のみの放棄の図〕

（債権者・抵当権の有無）　（債権額）　　（債務者X所有の不動産）

抵当権のみの放棄

A　1番抵当権　　1,500万円
B　2番抵当権　　2,000万円
C　無担保　　　　1,000万円

競売による売却代金
3,000万円

⇩

抵当権のみの放棄の効果

Aの抵当権の優先弁済権1,500万円の範囲内で、A・Cが、その債権額に按分比例して同順位で弁済を受ける。Aは900万円、Cは600万円となる。

2　同一の債務者

「同一の債務者」の考え方については、抵当権のみの譲渡の場合と同じである。Q117参照。

Q122　申請情報・添付情報

抵当権のみの放棄の申請情報・添付情報を示せ。

A　　Q118参照。

第3 抵当権の順位の譲渡・放棄

Q123 抵当権の順位の譲渡

抵当権の順位の譲渡とは、どのようなことか。

A　抵当権の順位の譲渡とは、先順位抵当権者Aが、Aと債務者を同じくする後順位抵当権者Cの利益のために、自己の抵当権の優先弁済権を譲渡することをいう。

解　説

1　抵当権の順位の譲渡の効果

　先順位抵当権者は、同一の債務者に対する後順位抵当権者の利益のために、自己の抵当権の優先弁済権を譲渡することができる。これを抵当権の順位の譲渡という（民376①）。抵当権のみの譲渡の場合は、債務者を同じくする<u>他の無担保債権者</u>の利益のために優先弁済権を譲渡するものであるが、抵当権の順位の譲渡の場合は、債務者を同じくする<u>他の抵当権者</u>の利益のために優先弁済権を譲渡するものである。

　抵当権の順位の譲渡の当事者間では抵当権の順位の変更がされたのと同様の優先劣後の関係にすることができる。

　具体的には、後掲〔抵当権の順位の譲渡の図〕の数字を使って説明すると次のようになる。先順位抵当権者Aと後順位抵当権者Cとが本来の順位において受ける配当額の合計額（1,800万円～全体の配当額3,000万円－A1,800万円－B1,200万円となり、Cは0円）から、まず、抵当権の順位の譲渡を受けた後順位抵当権者Cが自己の債権額（1,000万円）について優先弁済を受け、次いで、抵当権の順位の譲渡をした先順位抵当権者Aが残額（800万円）を受ける（競売に係る諸費用を除いて計算した。）。A、C間で抵当権の順位の譲渡があっても他の抵当

権者Bは、何ら影響を受けない。

抵当権者が数人のために抵当権の順位の譲渡をしたときは、その処分の利益を受ける者の権利の順位は、抵当権の登記にした付記の前後による（民376②）。

〔抵当権の順位の譲渡の図〕

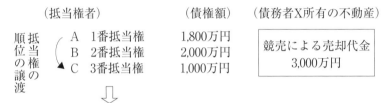

2 同一の債務者

「同一の債務者」の考え方については、抵当権のみの譲渡の場合と同じである。Q117参照。

Q124 申請情報・添付情報

抵当権の順位の譲渡（または順位の放棄）の申請情報・添付情報を示せ。

A 抵当権の順位の譲渡（または順位の放棄）の申請情報、添付情報は次のとおりである。

262　第5章　第3　抵当権の順位の譲渡・放棄

登 記 申 請 書

登記の目的　　1番抵当権の3番抵当権への順位譲渡（または順位放棄）❶

原　　　因　　平成○年○月○日順位譲渡（または順位放棄）❷

権　利　者　　○市○町○丁目○番地　❸
　　　　　　　　株式会社C
　　　　　　　　（会社法人等番号　○○○○－○○－○○○○○○）
　　　　　　　　代表取締役　○○○○

義　務　者　　○市○町○丁目○番地　❹
　　　　　　　　株式会社A
　　　　　　　　（会社法人等番号　○○○○－○○－○○○○○○）
　　　　　　　　代表取締役　○○○○

添 付 情 報　❺
　　　　　登記原因証明情報　　登記識別情報　　会社法人等番号
　　　　　代理権限証書
（以下省略）

---

❶　抵当権の順位譲渡（または順位放棄）をする抵当権の順位番号と順位譲渡（または順位放棄）を受ける抵当権の順位番号を記載する。

　なお、順位譲渡（または順位放棄）する抵当権の一部（被担保債権の一部）について抵当権の順位譲渡（または順位放棄）をした場合は、「1番抵当権の一部（金1,800万円のうち1,000万円分）の3番抵当権への順位譲渡（または順位放棄）」とする。また、抵当権の順位譲渡（または順位放棄）を受ける抵当権（本例では3番抵当権）についてその被担保債権の一部のために順位譲渡（または順位放棄）をした場合は、「1番抵当権の3番抵当権の一部（金1,000万円のうち500万円分）への順位譲渡（または順位放棄）」とする。

❷　抵当権の順位譲渡（または順位放棄）の合意が成立した日を記載する。

第5章　第3　抵当権の順位の譲渡・放棄　　263

❸　抵当権の順位譲渡（または順位放棄）の利益を受ける後順位抵当権者を記載
する。

❹　抵当権の順位譲渡（または順位放棄）をした先順位抵当権者を記載する。

❺　登記識別情報（不登22本文）

　登記義務者である株式会社A（抵当権登記名義人、抵当権の順位譲渡人（ま
たは順位放棄人））が、本件に係る抵当権を取得したときに通知された登記識別
情報（不登22本文）を提供する。

＜登録免許税＞

　抵当権の順位譲渡（または順位放棄）の登記は、付記登記でされるから（民
376②、不登規3四）、不動産の個数1個につき1,000円である（登税別表一・一・
（十四））。

Q125　抵当権の順位の放棄

　抵当権の順位の放棄とは、どのようなことか。

　A　　抵当権の順位の放棄とは、先順位抵当権者Aが、Aと債務
　　　　者を同じくする後順位抵当権者Cの利益のために、自己の抵
当権の優先弁済権を放棄し、当事者間で受ける配当額の合計額を、
同順位で、各々の債権額に按分比例して配当を受けることをいう。

| 解　説 |

1　抵当権の順位の放棄の効果

　先順位抵当権者は、債務者を同じくする後順位抵当権者の利益のた
めに、自己の抵当権の優先弁済権を放棄し、抵当権の順位の放棄の当
事者間で受ける配当額の合計額を、同順位で、その債権額に按分比例
して配当を受ける関係にすることができる。これを抵当権の順位の放
棄という（民376①）。抵当権のみの放棄の場合は、債務者を同じくする
他の無担保債権者の利益のために優先弁済権を放棄するものである

が、抵当権の順位の放棄の場合は、債務者を同じくする<u>他の抵当権者</u>の利益のために優先弁済権を放棄するものである。

具体的には次のようになる。先順位抵当権者Aと後順位抵当権者Cとが本来の順位において受ける配当額の合計額について、抵当権の順位の放棄をしたAと抵当権の順位の放棄を受けたCとが、同順位で、その債権額に按分比例して配当を受けることができる。抵当権の順位の放棄があっても、他の抵当権者Bは何ら影響を受けない。

抵当権者が数人のために抵当権の順位の放棄をしたときは、その処分の利益を受ける者の権利の順位は、抵当権の登記にした付記の前後による（民376②）。

〔抵当権の順位の放棄の図〕

2　同一の債務者

「同一の債務者」の考え方については、抵当権のみの譲渡の場合と同じである。Q117参照。

第5章　第3　抵当権の順位の譲渡・放棄　　265

Q126　申請情報・添付情報

抵当権の順位の放棄の申請情報・添付情報を示せ。

A　　Q124参照。

266　第5章　第4　賃借権の先順位抵当権に優先する同意の
　　　　　　　　登記

第4　賃借権の先順位抵当権に優先する
　　　同意の登記

Q127　賃借権に対抗力を与える制度

　抵当権者の同意により賃借権に対抗力を与える制度とは、どのようなものか。

A　　　抵当権設定登記後に賃借権設定登記がされた場合、賃借権
　　　　に優先する抵当権者がこの賃借権に対抗力を与えることに同
意しその登記がされたときは、賃借権は同意をした抵当権者に対抗
することができる。

解　　説

　抵当権設定登記後に賃借権設定登記がされ、この賃借権に優先する
すべての抵当権者がこの賃借権に対抗力を与えることに同意し、その
同意について登記がされたときは、その賃借権は同意をした抵当権者
に対抗することができる（民387①）。賃借権の登記後に登記された抵
当権については、賃借権が抵当権に優先することから、その抵当権者
の同意は必要がないことは当然である。この制度は、建物と土地のい
ずれについても適用される（民月59・1・50）。

　「登記をした賃貸借」には、賃借権の仮登記も含まれる（登研686・
403）。賃借権の登記前に登記した根抵当権には、根抵当権の仮登記も
含まれる（登研710・205）。

　抵当権者が賃借権に対抗力を与える同意をするには、その抵当権を
目的とする権利を有する者その他抵当権者の同意によって不利益を受
けるべき者の承諾を得なければならない（民387②）。承諾を要する者
の例としては、転抵当権者、抵当権の被担保債権の差押債権者、質権

者等がある。

　抵当権者の同意により賃借権に対抗力を与える制度は、同意をした抵当権者と対抗力を与えた賃借人との間の関係を変動させるにとどまり、抵当権設定者の権利義務を変動させるものではないので、抵当権設定者の関与は必要とされていない。

＜賃借権の先順位抵当権に優先する同意の登記（記録例304参照）＞

1 (5)	抵当権設定	平成○年○月○日 第○号	（事項一部省略） 抵当権者　○市○町○丁目○番地 　　　　　A
2 (5)	抵当権設定	平成○年○月○日 第○号	（事項一部省略） 抵当権者　○市○町○丁目○番地 　　　　　B
3 (5)	根抵当権設定	平成○年○月○日 第○号	（事項一部省略） 根抵当権者　○市○町○丁目○番地 　　　　　C
4 (5)	賃借権設定	平成○年○月○日 第○号	（事項一部省略） 賃借権者　○市○町○丁目○番地 　　　　　D
5	4番賃借権の1番抵当権、2番抵当権、3番根抵当権に優先する同意	平成○年○月○日 第○号	原因　平成○年○月○日同意

　賃借権に優先するすべての抵当権者がこの賃借権に対抗力を与えることに同意し、その同意について登記がされたときは、賃貸借の賃借人は、同意をした抵当権者に対し、自己の賃借権を対抗することができる。抵当不動産が競売により売却された場合には、賃借権は買受人

268 　第5章　第4　賃借権の先順位抵当権に優先する同意の
　　　　　　　登記

に引き受けられて、買受人が賃貸人となる。

Q128　申請情報・添付情報
　賃借権の先順位抵当権者に優先する同意の登記の申請情報・添付情報を示せ。

A　　　賃借権の先順位抵当権者に優先する同意の登記の申請情報・添付情報は、次のとおりである（Q127の（記録例304）に基づく）。

登　記　申　請　書

登記の目的　　4番賃借権の1番抵当権、2番抵当権、3番根抵当権に優先する同意　❶

原　　　因　　平成○年○月○日同意　❷

権　利　者　　○市○町○丁目○番地　❸
　　　　　　　　D

義　務　者　　○市○町○丁目○番地　❹
　　　　　　　　A
　　　　　　　○市○町○丁目○番地
　　　　　　　　B
　　　　　　　○市○町○丁目○番地
　　　　　　　　C

添 付 情 報　❺
　　　　登記原因証明情報　　登記識別情報　　　代理権限証書
　　　　（会社法人等番号）　（承諾情報）
　（以下省略）

❶ 4番賃借権に優先を与えることを同意した総先順位抵当権を記載する。

❷ 総先順位抵当権者が同意した日を記載する。同意すべき抵当権を目的とする権利を有する者（例：転抵当権者）がおり、その者からの承諾のあった日が総先順位抵当権者の同意の日より後の場合は、承諾があった日となる。

❸❹ 賃借人（賃借権者）を登記権利者、総先順位抵当権者を登記義務者とする共同申請により行う（平15・12・25民二3817第1・2）。

❺① 登記義務者の登記識別情報（不登22本文）

　　総先順位抵当権者が抵当権を取得したときに通知された登記識別情報を提供する。

② 承諾情報

　　総先順位抵当権を目的とする権利を有する者（例：転抵当権者）がいる場合は、その者の承諾情報（印鑑証明書付、法人の場合は会社法人等番号も）、または、これに対抗することができる裁判書の謄本を提供しなければならない（不登令7①五ハ、平15・12・25民二3817第1・3）。

＜登録免許税＞

　　不動産1個につき、賃借権および抵当権の数に1,000円を乗じて得た額である（登税別表一・一・（九））。本例では、不動産の個数を1個とした場合には、4番賃借権＝1,000円、（根）抵当権3個＝3,000円となり、登録免許税は4,000円となる。

第5 抵当権処分と利益相反行為

> **Q129　同一代表取締役による順位譲渡契約**
>
> 　中小企業金融公庫の代理貸付を行っているＡ銀行の代表取締役
> が、Ａ銀行の1番抵当権を中小企業金融公庫の2番抵当権のために
> 順位譲渡する契約を締結するには、取締役会の承認を要するか。

A　　　Ａ銀行の取締役会の承認を要する

解　説

　中小企業金融公庫の代理貸付（担保権の処分権も委任されている）
を行っているＡ銀行の代表取締役が、Ａ銀行の1番抵当権を中小企業
金融公庫の2番抵当権のために順位譲渡する契約を締結することは利
益相反取引となり、Ａ銀行の取締役会の承認を要する（昭43・4・5民三
436）。なお、中小企業金融公庫は、平成20年10月1日株式会社日本政策
金融公庫に承継された（株式会社日本政策金融公庫法附則17①）。

第6章　抵当権消滅の登記

272

第1 抵当権抹消登記をする前提としての各種登記の要否

1 抵当権者の表示変更・相続・合併

Q130 抵当権者の表示変更

抵当権者の氏名・住所に変更があるときは、抵当権抹消登記をする前提としてその変更登記を要するか。更正登記の場合も同じか。

A　抹消登記の申請情報と併せて変更、更正を証する情報を提供すれば、変更、更正の登記を要しない。

解　説

抵当権の抹消登記を申請するにつき、抵当権者の氏名または住所に変更（または更正）がある場合、この変更・更正がある情報を抹消登記の申請情報と併せて提供すれば、抹消登記をする前提として変更・更正の登記をする必要はない（昭28・12・17民甲2407、昭31・9・20民甲2202、昭31・10・17民甲2370）。

Q131 相続・合併

抵当権者に相続または合併が生じた場合、抵当権抹消登記をする前提として抵当権移転登記を要するか。

A　弁済前に抵当権者に相続（合併）が生じた場合は、相続人（承継会社）に抵当権移転登記をした後に抵当権抹消登記をする。弁済後に抵当権者に相続（合併）が生じた場合は、相続人（承

継会社）に抵当権移転登記をしないで抵当権抹消登記をする。

> 解　説

1　被担保債権の弁済前に相続・合併が生じた場合

　抵当権の被担保債権の弁済前に抵当権者に相続または合併が生じた場合には、抵当権抹消登記をする前提として、相続または合併による抵当権移転登記をしなければならない（昭32・12・27民甲2440、登研364・82）。相続（合併）によりAの抵当権がAの相続人（承継会社）Bに移転した後に、弁済により消滅しているので、権利変動の過程を忠実に公示する必要があるからである。

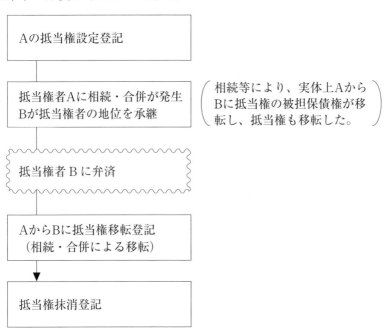

2 被担保債権の弁済後に相続・合併が生じた場合

抵当権の被担保債権の弁済後に抵当権者の相続または合併が生じたときは、相続または合併による抵当権移転登記をすることなく、抵当権者の相続人全員（合併の場合は承継会社）と所有権登記名義人の共同申請により、相続その他の一般承継があったことを証する情報（不登令7①五イ）を提供して、抵当権抹消登記を申請することができる（昭37・2・22民甲321、登研364・82、同479・124）。これは、相続開始前に弁済により抵当権（被担保債権）は消滅しているため、抵当権が抵当権者の相続人に移転することはなく、抵当権者の相続人は亡抵当権者の抵当権抹消登記申請の義務のみを承継しているからである。

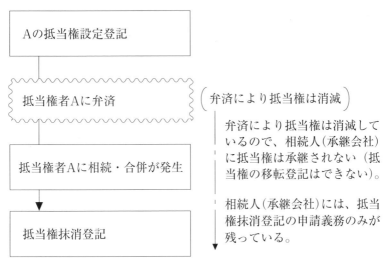

276　第6章　第1　抵当権抹消登記をする前提としての各種
　　　　　　　　　　　登記の要否

Q132　和解調書の住所併記

　和解調書に抵当権者の登記記録上の住所と現在の住所が併記されている場合、抵当権抹消登記をするについて住所変更情報の提供を要するか。

A　　和解調書以外に別途、住所変更情報を提供することを要しない。

解　　説

　和解調書に基づき登記権利者（所有権登記名義人）が単独で抵当権抹消登記の申請をする場合において、和解調書に登記義務者（抵当権者）の登記記録上の住所と現在の住所とが併記されているときは、住所変更情報を提供することを要しない（登研398・94）。

Q133　相続人不存在

　債務弁済後に抵当権者が死亡し、その相続人が不存在の場合、抵当権の抹消はどのようにすべきか。

A　　家庭裁判所で相続財産管理人を選任し、相続財産管理人と抵当権設定者の共同申請で抹消する。

解　　説

1　相続財産管理人の選任

　債務弁済後に抵当権者が死亡し、抵当権者の相続人のあることが明らかでないとき、すなわち相続人が不存在の場合には、当該抵当権の抹消登記は、民法952条1項の規定により家庭裁判所で選任された相続

財産管理人を登記義務者、抵当権設定者を登記権利者として共同申請により行う（登研47・29）。

相続人の不存在とは、相続開始の原因が生じたのにもかかわらず、相続人のあることが明らかでない状態をいう（民951）。例えば、①戸籍上相続人が存在しない場合、②戸籍上最終順位の相続人がいるが相続資格がない場合（相続欠格（民891）、相続人の廃除（民892））をいう（相続法逐条解説（中）227頁）。

なお、「抵当権者が死亡し、その相続人が不存在の場合における当該抵当権の抹消については、登記義務者である抵当権者の所在が知れない場合とは区別すべきであり、したがって法（筆者注：不動産登記法）70条1項に規定する公示催告の手続によることはできない」と解されている（不動産登記実務の視点Ⅲ468頁）。

2 相続財産管理人の代理権限証明情報

相続財産管理人の代理権限証明情報（不登令7①二）として、家庭裁判所の相続財産管理人の選任審判書を提供しなければならない。なお、相続財産管理人選任書の記載によって、当該相続財産管理人の選任が相続人不存在の場合であることおよび死亡者の死亡年月日が明らかでないときは、これらを証する（除）戸籍謄（抄）本の添付を要する（昭39・2・28民甲422）。

Q134 抵当権者の所在不明

抵当権の抹消登記をするにつき抵当権者の所在が知れない場合、登記権利者が単独で抵当権の抹消登記を申請する方法は。

278　第6章　第1　抵当権抹消登記をする前提としての各種登記の要否

A　判決、除権決定、担保権消滅情報の提供、休眠担保権として抹消する方法がある。

解　説

抵当権の被担保債権は弁済されているが、抵当権者の所在が知れないために抵当権の抹消登記を共同申請することができないときは、次のいずれかの方法により、登記権利者が単独で抹消登記を申請することができる。

単独抹消の方法	説　明
判決（不登63①）	登記権利者は、登記義務者に対して抵当権抹消登記の申請手続を求める訴えを提起し、その勝訴確定判決を得て、単独で抹消登記の申請をすることができる。
公示催告・除権決定（不登70①②）	登記権利者は、非訟事件手続法99条による公示催告の申立てをし、同法106条1項の除権決定を得て、単独で抹消登記の申請をすることができる。
担保権消滅情報の提供（不登70③前段）	登記権利者は、次の情報を提供して、単独で抹消登記の申請をすることができる（不登令別表26項添付情報欄ハ）。 ①　債権証書ならびに被担保債権および最後の2年分の利息その他の定期金（債務不履行により生じた損害を含む）の完全な弁済があったことを証する情報 ②　登記義務者の所在が知れないことを証する情報

| 第6章 第1 抵当権抹消登記をする前提としての各種登記の要否 279 |

休眠担保権の抹消 （不登70③後段） （注）	登記権利者は、次の情報を提供して、単独で抹消登記の申請をすることができる（不登令別表26項添付情報欄ニ）。 ① 被担保債権の弁済期を証する情報 ② ①の弁済期から20年を経過した後に当該被担保債権、その利息および債務不履行により生じた損害の全額に相当する金銭が供託されたことを証する情報 ③ 登記義務者の所在が知れないことを証する情報 この制度の詳細については、Q135参照。

(注)　いわゆる「休眠担保権」とは、担保権の被担保債権の弁済期から長期間経過しているのにもかかわらず、担保権が実行されずに存続している担保権をいう。民法または不動産登記法においては、「休眠担保権」という用語は用いられていない。不動産登記法70条3項後段において「被担保債権の弁済期から20年を経過」という文言がある。本表においては、不動産登記法70条3項後段の規定に該当する担保権を「休眠担保権」と称した。

Q135　弁済期20年経過後の単独申請の制度

弁済期後20年を経過している抵当権（休眠担保権）を、権利者が単独で抹消登記できる制度とは。

A　　登記義務者（抵当権者）の所在が知れない場合において、弁済期から20年を経過し、その期間を経過した後に、被担保債権等の全額に相当する金銭が供託されたときは、不動産登記令別表26項添付情報欄ニで定める添付情報を提供することにより、登記

権利者が単独で休眠担保権の抹消登記を申請することができる。

解　説

1　休眠担保権

「休眠担保権」とは、担保権の被担保債権の弁済期から長期間経過しているのにもかかわらず、担保権が実行されずに存続している担保権をいう。民法または不動産登記法においては、「休眠担保権」という用語は用いられていない。不動産登記法70条3項後段において「被担保債権の弁済期から20年を経過」という文言がある。本項以下においては、不動産登記法70条3項後段の規定に該当する担保権を「休眠担保権」と称する。

2　権利者が休眠担保権の抹消登記を単独申請できる要件・添付情報

登記権利者の単独による抵当権（休眠担保権）の抹消登記は、次表①の要件に該当し、かつ、②の添付情報を抵当権抹消登記の申請情報と併せて提供したときに限り、申請することができる（不登70③後段、不登令別表26項添付情報欄ニ(1)(2)(3)）。

①　登記権利者が単独で抵当権の抹消登記を申請できる要件	㋑　登記義務者の所在が知れないこと
	㋺　被担保債権の弁済期から20年を経過し、かつ、その期間を経過した後に、被担保債権、その利息および債務不履行により生じた損害の全額に相当する金銭が供託されたこと
②　抵当権の抹消登記の申請情報と併せて提供すべき添付情報	㋑　登記義務者の所在が知れないことを証する情報
	㋺　被担保債権の弁済期を証する情報
	㋩　被担保債権の弁済期から20年を経過した後

	に被担保債権、その利息および債務不履行により生じた損害の全額に相当する金銭を供託したことを証する情報

3　登記義務者の所在が知れないこと

　不動産登記法70条［登記義務者の所在が知れない場合の登記の抹消］で定める「登記義務者の所在が知れない」場合の「登記義務者」には、自然人および法人が該当する（昭63・7・1民三3456）。

　(1)　登記義務者が自然人である場合

　不動産登記法70条1項で定める「所在」とは、「住所または居所」よりも広い意味であって、住所および居所が知れなくても、勤務先等が判明していれば「所在」が知れるので、「所在」が知れないとはいえない（Q＆A不動産登記法223頁）。

　登記義務者が自然人の場合において、「登記義務者の所在が知れない」とは、登記義務者の現在の所在も、死亡の有無も不明の場合である。また、①登記義務者が死亡していることは判明しているがその相続関係が不明な場合、②登記義務者の相続人は判明しているがその行方が不明な場合、または、③相続人が数名である場合において、その一部の者だけが行方不明であるときも、不動産登記法70条3項後段の適用がある（登研488・65）。

　(2)　登記義務者が法人である場合

　登記義務者が法人である場合において、「登記義務者の所在が知れない」とは、当該法人について登記記録に記録がなく、かつ、閉鎖登記簿が廃棄済みであるため、その存在を確認できない場合等をいう（昭63・7・1民三3456）。

282　第6章　第1　抵当権抹消登記をする前提としての各種
　　　　　　　　登記の要否

Q136　弁済期20年経過後の単独申請の添付情報

　弁済期後20年を経過している抵当権（休眠担保権）を、権利者が単独で抹消する場合の添付情報は何か。

A　　抵当権の抹消登記に要する登記原因証明情報等原則的な添付情報のほかに、登記義務者の所在が知れないことを証する情報、債権の弁済期を証する情報、債権の弁済期から20年を経過した後に被担保債権等の全額に相当する金銭が供託されたことを証する情報を提供する。

解　説

　不動産登記法70条3項後段の規定により、弁済期後20年を経過している抵当権を、権利者が単独で抹消申請する場合の添付情報は次のとおりである（不登61、不登令別表26項添付情報欄ニ～リ、昭63・7・1民三3456、昭63・7・1民三3499）。

① 登記原因証明情報

　後記③の供託書正本で、抹消を申請する担保権の登記の表示（不動産、債権および抵当権者の各表示）がされているものは、登記原因証明情報としての適格を有する（昭63・7・1民三3499）。

② 債権の弁済期を証する情報

　㋑ 昭和39年不動産登記法の改正後にされた抵当権の抹消の場合

　　昭和39年不動産登記法の改正（昭和39年法律18号、昭和39年4月1日施行）により、抵当権の被担保債権の弁済期の定めは登記されないこととなった。したがって、前掲施行日以後の抵当権設定登記事項からは弁済期の定めは判明しないので、金銭消費貸借契約証書、弁済猶予証書等当事者間で作成した情報を提供しなければ

ならない。なお、これらの情報が当初から存在せず、またはこれを提供できないときは、弁済期についての債務者の申述書（印鑑証明書付、法人の場合は会社法人等番号も提供）でも差し支えない。

ロ　昭和39年不動産登記法の改正前にされた抵当権の抹消の場合

ⓐ　弁済期の定めが登記されている場合

　　昭和39年不動産登記法の改正（昭和39年法律18号、昭和39年4月1日施行）前に登記された抵当権について、抵当権の被担保債権の弁済期の定めが登記されている場合（不動産登記法施行細則等の一部を改正する省令（昭和39年法務省令48号）附則5条の規定により朱抹されている場合を含む）には、④で掲げる被担保債権の弁済期を証する情報を提供する必要がない。

ⓑ　弁済期の定めが登記されていない場合

　　昭和39年不動産登記法の改正前の不動産登記法の規定に基づいてされた担保権の登記で、債権の弁済期の記録がないものの抹消申請をする場合において、昭和39年不動産登記法の改正後、登記の移記または転写がされているものであるときは、債権の弁済期を証する書面として、当該不動産の閉鎖登記簿の謄本を提出することを要する。この場合において、当該登記が当初から債権の弁済期の記載がないものであるときは、債権の成立の日（登記に債権の成立の年月日の記載がない場合は、その担保権の設定の日）を債権の弁済期とする。

ⓒ　割賦弁済の定めが記録されている場合

　　登記記録上割賦弁済の定めの記録がある担保権の登記の抹消申請の場合においては、最終の割賦金の支払時期を債権の弁済期とする。

③　債権の弁済期から20年を経過した後に、被担保債権、その利息お

およびび債務の不履行により生じた損害の全額に相当する金銭が供託された
れたことを証する情報

㋑　この供託は、弁済供託である（民494、昭63・6・27民四3365）。供託をしたことを証する情報としては、供託書正本または供託に関する事項を証明した書面（供託規則40）が該当する。供託をしたことを証する情報は、登記簿（登記記録）に記載（記録）されている債権、利息および損害金の全額に相当する金銭の供託をしたことを証するものでなければならない。

㋺　不動産登記法70条3項後段に規定する「債権」、「利息」、「債務不履行により生じた損害の全額」（以下「債権等」という）は、供託時において現実に残存する債権等ではなく、登記記録に記録された債権等である。1個の債権の一部のみについての担保権の場合（例：1,000万円の債権のうち800万円を担保する場合）は、債権は1,000万円であり、これに対する利息、損害金となる。

㋩　利息・損害金

　ⓐ　当該登記に利息に関する定め、損害金に関する定めのいずれの記載もないとき

　　　年6分の割合による利息および損害金に相当する金銭をも供託したことを証する書面でなければならない。

　ⓑ　当該登記に損害金に関する定めの記載はないが、利息に関する定めの記載があるとき

　　　その利率による利息および損害金に相当する金銭をも供託をしたことを証する書面でなければならない。

　ⓒ　当該登記に損害金に関する定めのみの記載があるとき

　　　年6分の割合による利息および定められた利率による損害金に相当する金銭をも供託をしたことを証する書面でなければならない。

④ 登記義務者の所在が知れないことを証する情報

　㋑ 登記義務者が自然人の場合

　　次のいずれか1つの情報を提供しなければならない（登研493・134）。

　ⓐ 登記義務者が登記記録上の住所に居住していないことを市区町村長が証明した情報

　　　「登記義務者の所在が知れないこと」については、単に、登記権利者が登記義務者の所在を知らないというだけでは足りず、相当の捜索手段を尽くしても所在が知れないという状況であることが必要である（不動産登記実務の視点Ⅲ514頁）。そのため、登記記録上の登記義務者の住所地に住民票がない旨の市区町村長の証明書は、登記義務者の所在が知れないことを証する情報に該当しない（登研493・134）。

　ⓑ 登記義務者の登記記録上の住所に宛てた被担保債権の受領催告書が不到達であることを証する情報（配達証明付郵便によることを要する）

　　ⅰ 登記義務者に送達した被担保債権の受領催告書である配達証明付郵便を、登記義務者の相続人が受領しなかった場合、「受取拒否」の付箋が付された返送の配達証明付郵便は、登記義務者の所在が知れないことを証する情報に該当しない（登研539・154）。

　　ⅱ 受領催告書の差出人は、登記権利者に限らず、抵当権抹消登記の申請代理人であってもよい（登研560・135）。

　ⓒ 警察官が登記義務者の所在を調査した結果を記載した情報または民生委員が登記義務者がその登記記録上の住所に居住していないことを証明した情報

ロ　登記義務者が法人の場合

ⓐ　申請人が当該法人の所在地を管轄する登記所等において調査した結果を記録した情報（調査書。申請人の印鑑証明書付）。この調査書は、少なくとも、申請人またはその代理人が、当該法人の登記記録上の所在地を管轄する登記所において、当該法人の登記記録もしくは閉鎖登記簿の謄本もしくは抄本の交付またはこれらの登記記録・閉鎖登記簿の閲覧を申請したが、該当の登記記録または閉鎖登記簿が存在しないため、その目的を達することができなかった旨を記録したものでなければならない。

ⓑ　登記義務者である法人の閉鎖登記簿は存在するが清算人全員が死亡している場合は、不動産登記法70条3項後段の適用はない（登研493・135）。

⑤　代理権限証明情報（不登令7①二）

⑥　登記上の利害関係を有する第三者（当該登記の抹消につき利害関係を有する抵当証券の所持人または裏書人を含む）があるときは、当該第三者の承諾を証する当該第三者が作成した情報または当該第三者に対抗することができる裁判があったことを証する情報

⑦　⑥の第三者が抵当証券の所持人又は裏書人であるときは、当該抵当証券

⑧　抵当証券が発行されている抵当権の登記の抹消を申請するときは、当該抵当証券

⑨　抵当証券交付の登記の抹消を申請するときは、当該抵当証券または非訟事件手続法118条1項の規定により当該抵当証券を無効とする旨を宣言する除権決定があったことを証する情報

第6章　第1　抵当権抹消登記をする前提としての各種　287
登記の要否

Q137　抹消の原因・その日付
　不動産登記法70条3項後段［弁済期から20年経過後の供託］の規
定により抵当権（休眠担保権）を抹消する場合の原因・その日付
は。

A　　「年月日弁済」である。

| 解　　説 |

　抹消登記の登記原因・その日付は「年月日弁済」であり、「その日付」
は供託の効力が生じた日である（昭63・7・1民三3456）。「供託の効力が生
じた日」とは、供託金が払い込まれた日である（登研494・125）。この供
託は民法494条の弁済供託であるから、債務履行地の供託所に供託す
る（民495①）。

Q138　抵当権者の相続登記の要否
　休眠担保権に該当する抵当権者が死亡している場合、抹消登記
をするについて相続による抵当権の移転登記をしなければならな
いか。

A　　要しない。

| 解　　説 |

　不動産登記法70条3項後段［弁済期から20年経過後の供託］の規定は、
登記義務者（抵当権者）が死亡し、その相続人は判明しているが行方
不明の場合も適用があると解されている（昭和63年登記官会同147頁）。こ
の場合、相続による抵当権の移転登記は要しない（昭和63年登記官会同81
頁）。

2 抵当権設定者の表示変更・相続

Q139　設定者の表示変更

抵当権設定者の氏名・住所に変更があるときは、抵当権抹消登記をする前提として変更登記を要するか。更正登記も同じか。

A　抵当権設定者の氏名・住所の変更・更正の登記を要する。

解説

抵当権の抹消登記を申請するにつき、抵当権設定者の氏名または住所に変更（または更正）がある場合、抹消登記の申請をする前提として、氏名または住所の変更（または更正）の登記をしなければならない（登研355・90、同371・76）。

Q140　設定者の死亡前に弁済

抵当権設定者が死亡する前に弁済した場合、抵当権抹消登記をするためには、甲区の相続登記を要するか。

A　甲区の相続登記を要しない。

解説

〔弁済と相続の経過図〕

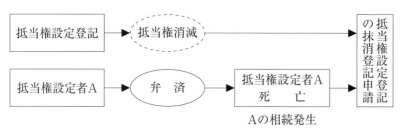

抵当権設定者の生存中に弁済により抵当権の被担保債権が消滅したときは、抵当権は消滅する。しかし、抵当権の登記は登記記録に記録されたままなので、登記権利者、登記義務者の申請によって抹消しなければならない。抵当権設定者が弁済をした後、抵当権の抹消登記をしないうちに死亡したときは、亡抵当権設定者の相続人全員が抵当権の抹消請求権を承継するから、甲区の相続登記をする必要はない。

本設問における抵当権抹消登記の申請情報の内容として、申請人（Aの相続人）が登記権利者Aの相続人である旨、およびAの氏名および一般承継の時における住所を表示することになる（不登令3十一ロ・ハ）。登記権利者Aの申請人としては、Aの相続人全員が申請することもできるし、保存行為（民252ただし書）として相続人の1人からでも申請することができる（登研662・281）。

添付情報として、相続があったことを証する市町村長、登記官その他の公務員が職務上作成した情報（公務員が職務上作成した情報がない場合にあっては、これに代わるべき情報）を提供しなければならない（不登62、不登令7①五イ）。

Q141　設定者の死亡後に弁済

抵当権設定者の死亡後に弁済があった場合、抵当権抹消登記をするためには、甲区の相続登記を要するか。

A　　甲区の相続登記をした後に、抵当権抹消登記の申請を行う。

解　説

〔弁済と相続の経過図〕

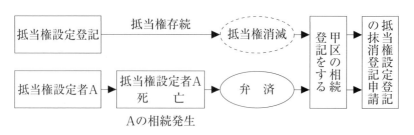

　抵当権設定者の死亡後に抵当権が消滅したときは、抵当権設定者の死亡時（相続開始時）には抵当権は存続しており、抵当権設定登記の抹消請求権は発生していない。この抵当権抹消請求権は、抵当権が設定登記されている不動産を相続した特定の相続人についてのみ生ずるものである。

　本設問の場合は、甲区の相続登記をしたうえで、相続登記により所有権登記名義人となった者を登記権利者、抵当権者を登記義務者とする共同申請で抹消登記を行う（登研662・281）。

　なお、共有設定者1人の死亡の場合は、Ｑ142参照。

Ｑ142　共有設定者1人の死亡

　抵当権設定者Ａ・ＢのうちのＡが死亡し、その後に弁済があった場合、抵当権の抹消登記を申請するについては、Ａの相続登記を要するか。

Ａ　他の共有者Ｂが抵当権抹消登記の申請をすれば、Ａの相続登記は不要である。

第6章　第1　抵当権抹消登記をする前提としての各種登記の要否　291

解　説

　A・B共有の不動産に抵当権が設定登記されている場合において、Aの死亡後に弁済があったときは、他の共有者Bが抵当権抹消登記の申請をすれば、Aの相続登記は不要である（Q＆A210選230頁）。生存者Bは抵当権の抹消請求権を有しているので、共有者の保存行為（民252ただし書）として、抹消登記を申請することができる。

　本設問の場合、申請情報は次のようになる（登記権利者のみ表示）。

権　利　者　　○市○町○丁目○番地 　　　　　　　（申請人）　　B 　　　　　　　○市○町○丁目○番地 　　　　　　　　　　　A

第2　申請人

（注）　相続・合併があった場合の抵当権抹消登記の申請人については、前掲第1を参照。

Q143　登記権利者1人からの申請

　抵当権設定者Ａ・Ｂのうち、共有者の1人から抵当権の抹消登記を申請することができるか。

A　　　共有者の1人から抹消登記の申請をすることができる。

解　　説

　抵当権抹消登記の登記権利者（抵当権設定者）が2人以上ある場合、共有者の1人から申請することができる（登研244・69）。登記権利者の行為は、民法252条ただし書の保存行為に該当する。

Q144　登記義務者1人からの申請

　抵当権がＣ・Ｄの準共有の場合、準共有者の1人から抵当権の抹消登記を申請することができるか。

A　　　抵当権者全員で抹消登記の申請をしなければならない。

解　　説

　抵当権がＣ・Ｄの準共有の場合、抵当権者全員が登記義務者となって抹消登記の申請をしなければならない（抵当権消滅後に抵当権者（登記

第6章 第2 申請人 293

義務者）が死亡し、その相続人が数人の事案として昭37・2・22民甲321。売主（登記義務者）が死亡し、その相続人が数人の事案として昭27・8・23民甲74参照）。

　抵当権の抹消登記をする行為は、共有物の処分行為に該当するものと解されている（不動産登記実務の視点Ⅲ468頁）。

Q145　設定後に所有権移転
　抵当権設定登記をした後で所有権移転登記がされている場合、現在の所有権登記名義人が登記権利者となるか。

A　　現在の所有権登記名義人が登記権利者となる。

解　説

　抵当権設定登記がされている不動産の所有権移転登記をした後、この抵当権登記を抹消する場合の登記権利者は、現在の所有権登記名義人だけであって、抵当権設定者（前所有者）は登記権利者となり得ない（明32・8・1民刑1361。混同により抵当権が消滅したが、抹消登記をしないで所有権移転登記をした事案として昭30・2・4民甲226）。

Q146　次順位抵当権者の抹消申請
　先順位抵当権が消滅した場合、次順位抵当権者は先順位抵当権の抹消を申請できるか。

A　　次順位抵当権者を登記権利者、先順位抵当権者を登記義務者として抵当権の抹消登記を申請できる。

解　　説

　抵当権が弁済、放棄等によって消滅した場合、次順位抵当権者を登記権利者、先順位抵当権者を登記義務者として、抹消登記の申請をすることができる（昭31・12・24民甲2916、登研544・70）。弁済によって消滅した先順位抵当権が存在することは、次順位抵当権者にとって抵当権の行使その他諸般の取引上種々の障害を受けるので、先順位抵当権者は次順位抵当権者の抹消請求に応じる義務がある（大判大8・10・8民録25・1859）。

第3　抵当権抹消登記の利害関係人

Q147　利害関係人の承諾

　抵当権の登記を抹消するにつき、登記上の利害関係を有する第三者があるときは、その者の承諾を要するか。

A　登記上の利害関係を有する第三者の承諾を要する。

解　説

1　登記上の利害関係を有する第三者

　権利に関する登記の抹消は、登記上の利害関係を有する第三者（当該登記の抹消につき利害関係を有する抵当証券の所持人または裏書人を含む）がある場合には、当該第三者の承諾があるときに限り、申請することができる（不登68）。

　判例は、権利に関する登記の抹消をするについて「登記上の利害関係を有する第三者」とは、当該第三者が事実上当該権利を有すると否とを問わず、登記簿（登記記録）に自己の権利を登記した者であって、登記簿（登記記録）によれば登記の抹消によって権利上の損害を受けまたは受けるおそれがある者をいうとしている（大決昭2・3・9民集6・65、同旨大決昭8・12・19民集12・2875）。

2　登記上の利害関係を有する第三者の例

　抵当権を抹消するにつき、登記上の利害関係を有する第三者の例として次の者を例示できる。

① 登記された地上権を目的として抵当権の設定登記を受けている者

② 抹消される抵当権から民法376条1項の処分を受けている次の者

　　転抵当権者、抵当権の譲渡または放棄を受けている者、抵当権の順位の譲渡または放棄を受けている者

③ 抹消される抵当権の移転に関する不動産登記法105条1号または2号の仮登記を受けている者

④ 抹消される抵当権を目的として、差押え、仮差押え、質入れの登記を受けている者

Q148　抹消利害関係人の承諾情報

　抵当権抹消登記をするにつき登記上の利害関係を有する第三者の承諾情報とは何か。

A　　登記上の利害関係を有する第三者の承諾を証する当該第三者が作成した情報または登記上の利害関係を有する第三者に対抗することができる裁判があったことを証する情報が該当する。

解　説

1　抹消利害関係人の承諾情報

　権利に関する登記（例：抵当権設定登記、抵当権移転登記等）の抹消をするについて、登記上の利害関係を有する第三者（当該登記の抹消につき利害関係を有する抵当証券の所持人または裏書人を含む）がある場合には、次に掲げる当該第三者の承諾を証する情報を提供しなければならない（不登令別表26項添付情報欄へ）。

① 登記上の利害関係を有する第三者の承諾を証する当該第三者が作成した情報

　　第三者の承諾を証する情報が書面で作成されている場合には、書

面の作成者が記名押印し、記名押印者の印鑑証明書を添付しなければならない（不登令19）。印鑑証明書の期間制限はない（不登令18③参照）。承諾者が法人であるときは、会社法人等番号または代表者事項証明書を提供する（平27・10・23民二512・2(1)イ、大8・12・10民事5154参照）。

② 登記上の利害関係を有する第三者に対抗することができる裁判があったことを証する情報

　裁判があったことを証する情報は、判決による登記（不登令7①五ロ(1)）の場合と異なり、裁判書（確定判決書、裁判上の和解調書、調停調書等）の正本に限られず、裁判書の謄本で足りる（逐条不動産登記令213頁）。

2　登記官による職権抹消

　抵当権の抹消登記をするにつき、登記上の利害関係を有する第三者が承諾した旨の情報の提供があった場合には、登記官の職権により、当該第三者の権利に関する登記が抹消される（不登規152②）。

第4 混同・代物弁済・主債務消滅と抵当権抹消

Q149 混同

抵当権は混同により消滅するか。

A 抵当権と所有権とが同一人に帰した場合、原則として、抵当権は混同により消滅する。ただし、混同が生じない場合として 解説 2参照。

解説

1 混同が生ずる場合

同一の物について、所有権と制限物権（制限物権には、地上権等の用益物権と、抵当権等の担保物権がある）とが同一人に帰した場合において、所有権と制限物権に第三者の権利が付着していないときは、原則として、制限物権は消滅する（民179①本文）。

例えば、抵当権者が抵当不動産の所有権を取得した、または、所有権者が抵当権を取得したときには、後掲2の場合を除き、混同により抵当権は消滅する。抵当権者と所有権者の2つの地位を併存しておく意味がない場合には、法律的地位の一方は消滅する。

〔例図1〕

〔例図2〕

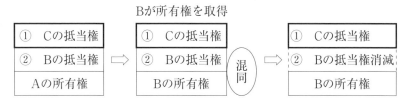

（①②は、抵当権の設定順位を示す。）

　第三者Ｃの抵当権がＢの抵当権より先順位で、Ｂの抵当権が最後順位である場合（Ｂの後に抵当権が設定されていない場合）には、Ｂの所有権とＢの抵当権は混同するが、Ｃの抵当権は消滅しない（大決昭4・1・30民集8・41）。Ｃの抵当権は、もともとＢの抵当権に優先しているので、Ｂの保護ということは考える必要がない。

2　混同が生じない場合

① 　Ａの所有権について、第1順位Ｂの抵当権、第2順位Ｃの抵当権が登記記録に記録されている場合に、Ａの所有権をＢが取得しても混同は生ぜず、Ｂの抵当権は消滅しない（民179①ただし書）。

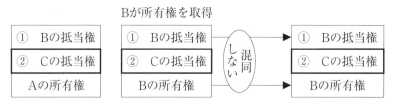

（①②は、抵当権の設定順位を示す。）

〔混同が生じない理由〕

　混同によりＢの抵当権が消滅するとすればＣは第1順位抵当権者となり、Ｃの競売申立てにより、ＢがＡから取得した担保不動産は競売の結果Ｂの所有権が侵害される。これを防ぐために、Ｂの抵当権よりも後に抵当権がある場合には混同は生ぜず、Ｂの抵当権は消滅しない（民179①ただし書）。前記図において、Ｂの抵当権が混同で

消滅しないとすれば、Cが競売をした場合には、Bの抵当権はCに優先しているので、BはCに先んじて競売代金から弁済を受けることができる（Bの所有権取得が相続である場合は②参照）。

② 前記①の図において抵当権者Bの所有権取得が相続である場合、「BがAに対して負う債務をも相続して、BがAに対して持っている被担保債権が混同によって消滅することがありうる」（民520参照）。この場合には、抵当権の基礎である債権が消滅するから、2番抵当権があっても、Bの抵当権は消滅すると解されている（我妻・有泉コンメンタール民法389頁）。

③ 抵当権者Bが当該抵当権が設定登記されている不動産の所有権を取得した場合でも、Bの抵当権が第三者の権利の目的（例：転抵当）となっているときは、抵当権は混同で消滅しない（民179①ただし書）。

Q150　混同後に所有権移転

混同で抵当権が消滅したが、この抹消登記をしないうちに所有権の移転登記がされた場合、抵当権の抹消登記はどのようにすべきか。

A　現在の所有権登記名義人と抹消すべき抵当権の登記名義人との共同申請によって、抹消する。

解　説

〔事例図〕

現在の所有権登記名義人C（登記権利者）と抵当権者B（登記義務者）との共同申請により、Bの抵当権を抹消する（昭30・2・4民甲226）。

本設問の場合、B・C間の抵当権抹消登記の原因は、「年月日（BがAから所有権を取得した日）混同」である（登研458・95）。この場合には、抵当権者B（登記義務者）が抵当権の設定登記をした際に通知を受けた登記識別情報を提供しなければならない（不動産登記実務の視点Ⅲ498頁）。

Q151 共同担保と混同

共同担保3筆中の1筆が混同した場合、他の土地の抵当権は消滅するか。

A　混同が生じた土地のみ抵当権が消滅する。

解　説

〔事例図～共同担保物件1筆の混同〕

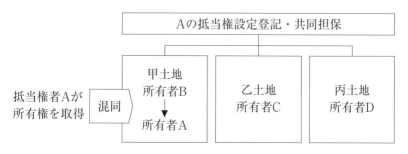

抵当権者Aが当該抵当権を設定している甲土地の所有権を取得した

場合、Aの抵当権または甲土地が第三者の権利の目的となっていない限り、Aの抵当権と甲土地の所有権とで混同が生じる（民179①）。他の共同担保物である乙土地、丙土地に設定された抵当権は、抵当権者と担保不動産の所有権者が同一ではないので混同しない。

Q152　持分取得と混同

　抵当権者が担保不動産の持分を取得した場合、混同が生じるか。

A　　取得した持分について混同が生じる。

解　　説

　1筆の土地（A土地）に抵当権が設定登記されている場合に、抵当権者がA土地の持分（例：2分の1）を取得したときは、抵当権またはA土地が第三者の権利の目的となっていない限り、抵当権者が取得した持分について混同が生じる（民179①、Q＆A権利に関する登記の実務Ⅷ407頁）。

Q153　同順位設定と混同

　AとBの同順位抵当権が設定登記されている場合において、Aが設定不動産の所有権を取得したときは混同が生じるか。

A　　混同は生じない。

第6章 第4 混同・代物弁済・主債務消滅と抵当権抹消

解　説

同一不動産を目的として、同順位で債権者ＡとＢの抵当権が設定登記されている場合において、抵当権者Ａが当該不動産の所有権を取得しても混同は生じない（登研537・200）。

Q154　抵当権消滅後に設定登記

順位1番のＢの抵当権が権利混同により消滅したが、その抵当権の抹消登記をしないうちに順位2番でＣの抵当権の設定登記がされた場合、順位1番の抵当権抹消の登記原因は権利混同か。

Ａ　権利混同である。

解　説

Ａ所有の不動産にＢが順位1番で抵当権設定登記をし、その後Ｂがその不動産を取得したので順位1番の抵当権は権利混同によって消滅したが、そのＢの抵当権設定登記を抹消しないでＣのために順位2番で抵当権設定登記をした場合、順位1番のＢの抵当権の抹消登記の登記原因は権利混同である（登研230・71）。なお、『不動産登記実務の視点Ⅲ』497頁は、本件の場合は、「1番の抵当権は、『混同』を登記原因として抹消することができると解される」としている。

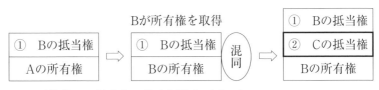

（①②は、抵当権の設定順位を示す。）

304　　第6章　第4　混同・代物弁済・主債務消滅と抵当権抹
消

Q155　混同による抹消登記手続

混同による抵当権の抹消登記手続を述べよ。

A　　次のとおり。

1　登記原因・その日付

① 甲不動産に抵当権を設定している抵当権者が甲不動産の所有権を取得した場合、混同の日は、抵当権者が所有権を取得した日である（登研119・40参照）。所有権移転登記の受付日ではない。

② Bの抵当権が設定登記されているA所有不動産の所有権がAからBに移転し、混同でBの抵当権が消滅したが、この抹消登記をしないうちにBからCに所有権の移転登記がされた場合は、現在の所有権登記名義人C（登記権利者）と抵当権者B（登記義務者）との共同申請により、抵当権を抹消する（昭30・2・4民甲226）。この場合、抵当権抹消登記の原因は、「年月日（BがAから所有権を取得した日）混同」である（登研458・95）。

③ 抵当権者Bが抵当権の目的である不動産を取得した場合であっても、後順位抵当権Cが消滅しない限り、Bの抵当権は混同により消滅せず、後に、後順位抵当権Cが消滅したときに初めてBの抵当権は混同により消滅する（**Q149** 2①参照）。この場合の混同によるBの抵当権の抹消原因は、「年月日（後順位抵当権Cが消滅した日）混同」である（登研520・198参照）。

2　申請人

① 抵当権者Bが所有権を取得して混同が生じている場合、抵当権者兼所有者Bから「権利者兼義務者　住所・B」として抵当権の抹消

登記の申請をする（不動産登記書式精義中（一）1277頁）。

② 抵当権者が売買によって抵当不動産を取得後死亡している場合、相続開始の時に既に抵当権が消滅しているので、相続人は抵当権を承継していないから、相続による抵当権移転の登記を申請することなく、申請情報と併せて相続を証する情報を提供して、相続人が抵当権の抹消登記を申請すべきである。なお、遺産分割協議に基づき共同相続人のうちの1人または数人の名義に相続による所有権移転登記がなされている場合には、抵当権の相続登記は要しないが、抵当権の登記の抹消は、抵当権者の相続人全員と所有権の登記名義人との共同申請によらなければならない（登研119・40、前掲1②参照）。

3 添付情報

① 登記原因証明情報（不登61）の要否

混同を原因とする権利に関する登記の抹消を申請する場合に、混同によって当該権利が消滅したことが登記記録上明らかであれば、登記原因証明情報の提供は不要である（登研690・221）。登記原因証明情報を省略するためには、混同した日が登記記録上、明らかでなければならない（愛知県司法書士会速報335号）。

② 登記済証（登記識別情報（不登22本文））の要否

混同を登記原因とする抵当権の抹消登記を申請する場合において、登記権利者と登記義務者が同一人であっても、登記義務者の権利に関する登記済証（登記識別情報）の提供を要する（平2・4・18民三1494）。

③ 代理権限証明情報（不登令7①二）。

④ 法人の場合は、会社法人等番号等（不登令7①一）。

306 第6章 第4 混同・代物弁済・主債務消滅と抵当権抹消

Q156 抵当権の相続人の申請

抵当権者が抵当不動産の所有権を取得し所有権移転登記をしたが、抵当権の抹消を申請しないうちに死亡した場合、抵当権抹消の登記義務者は誰か。

A 抵当権者の相続人全員である。

解　説

混同による抵当権抹消登記の登記義務者は、抵当権者の相続人全員である（登研814・127）。本設問の場合、抵当権抹消登記の申請は、共同相続人中の1名からすることはできない。

Q157 代物弁済と抵当権抹消

抵当権者が被担保債権の弁済として担保不動産を代物弁済で取得した。この場合、抵当権抹消登記の原因は何か。

A 被担保債権の弁済として担保不動産を代物弁済で取得した場合、抵当権の抹消登記の原因は「代物弁済」である。

解　説

1　抵当権の付従性

抵当権の付従性によって、抵当権の被担保債権が消滅すれば抵当権も消滅する。抵当権者が被担保債権の弁済として担保不動産を代物弁済によって取得した場合には、抵当権の被担保債権は、代物弁済という債務の履行によって消滅したものであり、抵当権も債務の履行であ

る代物弁済によって消滅すると解すべきである（不動産登記実務の視点Ⅲ501頁）。抵当権の抹消原因は、混同ではなく、「年月日代物弁済」である（不動産登記実務総覧（上）518頁、登研270・71）。

2　登記原因・その日付

判例は、「代物弁済が債務消滅の効力を生ずるには、債務者が本来の給付に代えてなす他の給付を現実に実行することを要し、単に代りの給付をなすことを債権者に約すのみでは足りず、従って他の給付が不動産の所有権を移転する場合においては、当事者がその意思表示をなすのみでは足りず登記その他引渡行為を終了し、法律行為が当事者間のみならず、第三者に対する関係においても全く完了したときでなければ代物弁済は成立しないと解すべきである」としている（大判大6・8・22民録23・1293、最判昭39・11・26判時397・32、最判昭57・6・4判時1048・97参照）。

前記判例の見解に従えば、例えば、代物弁済の合意の日が平成30年3月1日、代物弁済による所有権移転登記の申請の受付日が平成30年3月2日の場合には、①代物弁済による所有権移転登記の登記原因・日付は、「平成30年3月1日代物弁済」であり、②代物弁済を原因とする抵当権の抹消登記の原因日付は、代物弁済による所有権移転登記の申請の受付日である平成30年3月2日である。

Q158　主債務消滅

保証委託契約による求償債権担保の抵当権の抹消原因は、「主債務消滅」に限られるか。

A　　　抹消原因は「主債務消滅」に限られることはない。

308　　第6章　第4　混同・代物弁済・主債務消滅と抵当権抹消

解　説

1　主債務消滅

　保証委託契約による求償債権（例：年月日保証委託契約による求償債権年月日設定）を担保している抵当権について、主債務者から弁済があったときは保証人の求償債権も消滅し、求償債権を担保していた抵当権は消滅する。この場合における抵当権抹消登記の登記原因・日付は、「平成○年○月○日主債務消滅」、その日付は主債務者が主債務を弁済した日である（登研126・43参照）。

2　その他の抹消原因

　保証委託契約による求償債権を担保している抵当権設定登記を抹消する場合、抹消登記の登記原因証明情報に「年月日解除（または放棄）」という原因が記載されている場合は、抹消原因は「年月日解除（または放棄）」となる（登研573・123）。

　なお、保証委託契約に基づく求償債権を担保するための抵当権設定登記がされている場合において、保証人が債権者に保証債務を弁済した後に、主債務者が保証人に対し求償債務の弁済をしたときは、「年月日（債務者が保証人に弁済した日）弁済」を登記原因として抵当権の抹消を申請することができる（登研589・201）。

新債権法への対応

〔代物弁済〕

Q159　代物弁済の規定

　民法における代物弁済の規定は、どのように改正されたのか。

第6章　第4　混同・代物弁済・主債務消滅と抵当権抹消　309

A　　代物弁済契約が諾成契約であること、および、代物の給付
により債権が消滅することを確認する条文が設けられた。

| 解　　説 |

【改正後の民法482条（代物弁済）】
　弁済をすることができる者（以下「弁済者」という。）が、債権者との間で、債務者の負担した給付に代えて他の給付をすることにより債務を消滅させる旨の契約をした場合において、その弁済者が当該他の給付をしたときは、その給付は、弁済と同一の効力を有する。

1　諾成契約

　改正前の民法482条の条文が「負担した給付に代えて他の給付をしたとき」とあることから、代物弁済契約が要物契約であるという解釈が有力に主張され、また、判例が「代物弁済による所有権移転の効果が、原則として当事者間の代物弁済契約の意思表示によって生ずることを妨げるものではないと解するのが相当であるから、不動産の代物弁済による所有権移転の効力を生ずるためには債権者への所有権移転登記がされなければならないとする判断は失当である」としたことから（最判昭57・6・4判時1048・97、最判昭40・4・30判時411・64参照）、法律関係が分かりにくいという問題が指摘されていた。このことを踏まえ、合意のみで代物弁済契約が成立すること（代物弁済契約が諾成契約であること）を確認することによって、代物弁済をめぐる法律関係の明確化を図るとともに、代物の給付により債権が消滅することを確認する規定を設けた（中間試案補足説明282頁・283頁参照）。

2 改正後の登記実務上の取扱い

　今回の条文の改正は、前述のように代物弁済の法律関係の明確化を図ることにあるから、民法の改正後においても、登記実務上の取扱いについては特段の変化はないと思われる。具体的には、Q157 2の例を使って説明すると次のようになり、民法の改正前と変わりがない。

① 平成30年3月1日　代物弁済の合意の日

② 平成30年3月2日　代物弁済による所有権移転登記の申請受付日
　　　代物弁済による所有権移転登記の登記原因・日付
　　　　「平成30年3月1日代物弁済」

③ 平成30年3月2日　代物弁済による抵当権抹消登記の申請受付日
　　　代物弁済による抵当権抹消登記の登記原因・日付
　　　　「平成30年3月2日代物弁済」

第5　清算結了と抵当権抹消

Q160　清算結了登記前に抵当権消滅

　被担保債権の弁済後、抵当権抹消登記をしないうちに抵当権者が清算結了登記をした場合、抵当権抹消登記はどのようにすべきか。

A　　清算人が生存している場合は、抵当権者会社を代表する清算人と抵当権設定者の共同申請により抹消する。代表する清算人が死亡している場合は、他の清算人と抵当権設定者の共同申請により抹消する。清算人が全員死亡している場合には、定款に別段の定めがあるときまたは株主総会で清算人を選任したときは、その者が清算人となるが、これらにより清算人となる者がいない場合には、裁判所は利害関係人の申立てにより、清算人を選任する。

解　　説

　本設問は、抵当権が弁済により消滅したが、その抵当権の抹消登記を申請する前に抵当権者の清算結了登記がされたので、抵当権の抹消登記の方法を問うものである。本設問では抵当権の消滅後に清算結了登記がされているので、清算結了登記を抹消する必要はない。抵当権抹消登記の方法は、次のように区分される。

1　代表する清算人が生存している場合

　抵当権の被担保債権が弁済により消滅したときは、抵当権も消滅する。抵当権が清算結了前に既に消滅している場合は、抵当権設定者（登記権利者）と抵当権者会社（登記義務者）を代表する清算人Ａとは共同して、抵当権の抹消登記を申請することができる（昭24・7・2民甲1537、昭28・3・16民甲383、昭26・12・6民甲2290）。抵当権者会社（登記義務者）

を代表する清算人Ａが生存しているときは、抵当権設定者（登記権利者）は利害関係人として裁判所に新たな清算人の申立て（会社478②）をするまでもなく、清算人の「現務の結了」（会社481一。抵当権登記抹消の履行義務）がされていないとして、清算人Ａに清算人としての職務の遂行を求めればよい。

清算人Ａが抵当権者会社（登記義務者）の代表者であることを証する情報としては、代表する清算人Ａの記載がある抵当権者会社の閉鎖登記事項証明書を提供する（Ｑ＆Ａ権利に関する登記の実務Ⅷ459頁）。会社法人等番号を提供することもできる。

なお、抵当権者会社の印鑑証明書を必要とするときは、市区町村長が証明した清算人Ａ個人の印鑑証明書で足りる（昭28・3・16民甲383）。

2　代表する清算人が死亡している場合

抵当権者会社を代表する清算人が死亡している場合には、他の清算人と抵当権設定者とで抵当権の抹消登記を申請することができる（Ｑ＆Ａ210選225頁）。

3　清算人が全員死亡している場合

清算人が全員死亡している場合には、定款に別段の定めがある場合または株主総会で清算人を選任したときは、その者が清算人となるが、これらにより清算人となる者がいない場合には、裁判所は利害関係人の申立てにより、清算人を選任する（平11・6・15民三1200、Ｑ＆Ａ210選225頁、会社479④・346①②③参照）。

裁判所により抵当権者会社を代表する清算人が選任されたときは、抵当権設定者は抵当権者会社を代表する清算人と共同して抵当権の抹消登記を申請することができる。この場合、裁判所が抵当権者会社を代表する清算人を選任した清算人選任決定の正本および清算が結了し

第6章 第5 清算結了と抵当権抹消 313

た旨が記録されている登記事項証明書を提供すれば、裁判所で選任された抵当権者会社を代表する清算人の就任の登記はする必要がない（昭38・9・13民甲2598）。

Q161 清算結了登記後に抵当権消滅

清算結了登記後に抵当権が消滅した場合、抵当権抹消登記はどのようにすべきか。

A 清算結了がしていないのにもかかわらず清算結了登記がされたことになるので、清算結了登記を抹消登記した後に抵当権抹消登記をし、その後に清算結了登記をすることになる。

| 解　　説 |

清算結了登記後に抵当権が弁済その他の事由により消滅したということは、清算事務が完全に終了していないことになる。したがって、この場合は、既になされている清算結了の登記を「錯誤」により抹消登記して、会社を復活させる必要がある。その後に抵当権抹消登記を申請し、この抵当権の抹消登記が完了した後に、清算結了の登記を申請することになる。

＜登記記録例＞（会社法人等番号省略）

商　　号	株式会社太陽商事	
（記録事項一部省略）		
役員に関する事項	取締役　　　山　田　一　郎　❶	
	○県○市○町○丁目○番地	

314　　第6章　第5　清算結了と抵当権抹消

	代表取締役　　山　田　一　郎	
	清算人　　山　田　一　郎　❷	
		平成29年3月10日登記
	○県○市○町○丁目○番地 代表清算人　　山　田　一　郎	
		平成29年3月10日登記
解　散	平成29年3月6日株主総会の決議により解散 　　　　　　　　　　　　　　平成29年3月10日登記	
登記記録に関する 事項	平成29年7月5日清算結了 　　　　　　　　　　　平成29年7月6日登記 　　　　　　　　　　　平成29年7月6日閉鎖	
		平成29年11月7日復活
	清算結了の登記　　　　　　　　　　　❸ 　　　　　　　　　　　平成29年11月7日抹消	

❶❷　株式会社の清算結了の登記がされたときは、当該登記記録は閉鎖されるが
　　（商登規80②）、清算人および代表清算人（監査役設置会社にあっては監査役も）
　　の登記を抹消する記号は記録されない（解散登記をしたときのように抹消する
　　記号を記録する規定はない（商登規72①参照））。
❸　　「清算結了の登記」が抹消されたことを表す。

第6　抵当権抹消と利益相反行為

Q162　弁済・解除・主債務消滅による抵当権抹消

　弁済・解除・主債務消滅を登記原因とする抵当権抹消登記を申請するにつき、利益相反取引となる例を示せ。

A　それぞれの項目につき、参考となる先例等が示されている。

解　説

① 弁　済

　債権者たる甲株式会社から同会社の取締役Aが金銭を借り受け、その所有に係る不動産を担保として設定登記した抵当権を、「弁済」を原因として抹消登記の申請をする場合は、取締役会（会社法の取扱いでは～取締役会設置会社でない株式会社では株主総会）の承認を証する情報の提供を要しない（昭37・3・13民甲646～神戸地方法務局管内登記官吏会同決議（登研173・76））。②を参照。

② 解除(1)

　「契約解除」（解除）を原因として根抵当権の抹消登記を申請する場合は、取締役会（会社法の取扱いでは～取締役会設置会社でない株式会社では株主総会）の承認を証する情報の提供を要する（前掲①昭37・3・13民甲646）。なお、①と②の相違は、抹消に際して取締役と株式会社との間で抹消の登記原因となる契約（本例では、解除契約）が新たに締結（取引）されるか否かによる。

③ 解除(2)

　代表取締役を同じくする甲・乙両株式会社間で、甲会社を抵当権設定者兼債務者、乙会社を抵当権者とする抵当権設定仮登記がなさ

れているところ、「解除」を原因として当該仮登記を抹消するには、乙会社の取締役会議事録（会社法の取扱いでは～取締役会設置会社でない株式会社では株主総会議事録）の添付を要する（登研539・154）。

④　主債務消滅

甲株式会社（代表取締役Ａ）を抵当権者、Ａを債務者兼抵当権設定者とする保証委託契約に基づく求償債権を担保するための抵当権設定登記を、「主債務消滅」を原因として抵当権の抹消登記を申請する場合は、甲株式会社の承認決議をした議事録（会社法では、取締役会または株主総会の議事録）を提供することを要しない（登研570・173参照）。

新債権法への対応

〔弁済と抵当権抹消登記〕

> Q163　弁済規定の新設
> 　改正後の民法では、弁済により債権が消滅する旨の規定が新設されたが、改正前の民法と弁済の効力について異なる点があるか。

A　　弁済による債権の消滅の条文が新設されたものであり、弁済の効力については改正前の民法と異ならない。

解　説

【改正後の民法473条（弁済）】
　債務者が債権者に対して債務の弁済をしたときは、その債権は、消滅する。

　弁済によって債権が消滅するということは、民法上の最も基本的な

第6章 第6 抵当権抹消と利益相反行為 317

ルールの1つであるが、改正前の民法には、そのことを明示する規定は置かれておらず、弁済に関する規定が「債権の消滅」という節（第3編第1章第5節）に置かれていることから、弁済が債権の消滅原因であることを読み取ることができるのみである。基本的なルールはできる限り条文上明確にすることが必要であるという考慮に基づき、弁済によって債権が消滅する旨の規定を設けた（中間試案補足説明274頁）。

　この規定の新設で、登記実務上、問題となる点はない。

新債権法への対応
〔弁済と抵当権抹消登記〕

Q164　口座払込みによる弁済

　改正後の民法では口座払込みによってする弁済の規定が新設されたが、払込みによってする弁済の効力は、いつ生ずるか。

　A　　口座払込みによってする弁済は、債権者がその預貯金に係る債権の債務者に対して、その払込みに係る金額の払戻しを請求する権利を取得した時に、その効力を生ずる。

解　　説

【改正後の民法477条（預金又は貯金の口座に対する払込みによる弁済）】
　債権者の預金又は貯金の口座に対する払込みによってする弁済は、債権者がその預金又は貯金に係る債権の債務者に対してその払込みに係る金額の払戻しを請求する権利を取得した時に、その効力を生ずる。

金銭の給付を目的とする債務について、債権者および債務者間において払込みによって弁済する合意がある場合には、弁済は、債権者の指定する預金または貯金の口座に対する払込みによってする方法は多く用いられていた。しかし、改正前の民法には口座に対する払込みによる弁済の規定がなかったので、改正民法では口座に対する払込みによる弁済の規定が新設された。

債権者および債務者間の合意により、債権者の口座に対する払込みによる弁済があった場合、弁済は、債権者がその預金または貯金に係る債権の債務者に対してその払込みに係る金額の払戻しを請求する権利を取得した時に、その効力を生ずる。

債権者（口座に払込みを受けた受取人）が「払戻しを請求する権利を取得した時」とはいつかが問題となるところ、通常、顧客と銀行との取引における預金契約では、預金者の預金口座に振込額の入金が記録された時に預金債権が発生し、預金者が払戻請求権を取得するから、この場合は、入金記帳がされた時点で弁済としての効力が生じ、債権が消滅する（新債権総論Ⅱ11頁）。

なお、振込依頼人が受取人への振込を依頼したにもかかわらず、仕向銀行や被仕向銀行の過誤により受取人の預金口座に入金記帳がされなかった場合には、振込依頼人の受取人に対する債権は消滅しない（新債権総論Ⅱ11頁、中間試案補足説明286頁）。

索　引

320

先例年次索引

月日	発翰番号	ページ	月日	発翰番号	ページ
【明治32年】			**【昭和28年】**		
8. 1	民刑1361	293	3.16	民甲383	311,312
11. 1	民刑1904	143	4. 6	民甲547	209
			4. 6	民甲556	191,194
			10. 1	民甲1333	138
【大正8年】			12.17	民甲2407	273
12.10	民事5154	297			
			【昭和29年】		
【昭和23年】			6. 2	民甲1144	51
			7. 5	民甲1395	138
4.21	民甲54	99	7. 6	民甲1394	139
9.18	民甲3006	107	7.13	民甲1459	51
9.21	民甲2952	107			
			【昭和30年】		
【昭和24年】			1. 7	民甲2731	152
7. 2	民甲1537	311	2. 4	民甲226	293,301 304
			4. 8	民甲683	30,31
【昭和26年】			5.30	民甲1123	158,161 162,168
3. 8	民甲463	33	5.31	民甲1029	247
12. 6	民甲2290	311	7.11	民甲1427	252,253
			12.23	民甲2747	12,120 123,130 132
【昭和27年】					
4. 8	民甲396	152	**【昭和31年】**		
8.23	民甲74	293			
9.29	民甲362	168,177	3.14	民甲506	52

月日	発翰番号	ページ
4. 9	民甲758	192
6.13	民甲1317	45
9.20	民甲2202	273
10.17	民甲2370	273
12.24	民甲2916	294

【昭和32年】

月日	発翰番号	ページ
12.27	民甲2440	274

【昭和33年】

月日	発翰番号	ページ
4. 4	民甲715	203
5.10	民甲964	155,156 159
10.16	民甲2128	107

【昭和34年】

月日	発翰番号	ページ
3.31	民甲669	138,139
5. 6	民甲900	13,28,30
7.25	民甲1567	59
10.20	民三999	61
11.26	民甲2541	48

【昭和35年】

月日	発翰番号	ページ
3.31	民甲712	37,41 218
8. 4	民甲1929	138
12.27	民甲3280	36

【昭和36年】

月日	発翰番号	ページ
1.14	民甲20	101
2.20	民三187	18
5.17	民甲1134	70
9.14	民甲2277	198
9.28	民三859	70
10. 4	民甲2510	257
11.30	民甲2983	200

【昭和37年】

月日	発翰番号	ページ
2.18	民三75	96
2.22	民甲321	275,293
3.13	民甲646	315
6.27	民甲1657	138
8. 3	民甲2225	66
9.29	民甲2781	71
10. 9	民甲2819	203
12.28	民甲3727	10

【昭和38年】

月日	発翰番号	ページ
9.13	民甲2598	313
9.28	民甲2660	96
11. 5	民甲3062	138

【昭和39年】

月日	発翰番号	ページ
2.28	民甲422	277
4. 6	民甲1291	10

先例年次索引

月日	発翰番号	ページ

【昭和40年】

月日	発翰番号	ページ
4.14	民甲851	18
5.10	民甲996	249
6.25	民甲1431	53

【昭和41年】

月日	発翰番号	ページ
4. 6	民三343	16
6. 8	民三397	139,202
8. 3	民甲2368	16
8.10	民甲1877	138,139
11. 7	民甲3252	11
12. 1	民甲3322	75
12. 6	民甲3369	79

【昭和42年】

月日	発翰番号	ページ
3.24	民三301	48

【昭和43年】

月日	発翰番号	ページ
4. 5	民三436	244,270

【昭和44年】

月日	発翰番号	ページ
8.15	民三675	17
8.16	民三705	53

【昭和45年】

月日	発翰番号	ページ
4.27	民三394	34
5. 8	民甲2192	54

【昭和46年】

月日	発翰番号	ページ
10. 4	民甲3230	38,82,86 89,236 243
12.24	民甲3630	81,82,86 89,241 243
12.27	民三960	238,241 242,243

【昭和47年】

月日	発翰番号	ページ
11.25	民甲4945	98

【昭和48年】

月日	発翰番号	ページ
9.20	民三7380（民三7379）	71
10.31	民三8188	242
11. 1	民三8118	14,43
12.27	民三9245	14

【昭和49年】

月日	発翰番号	ページ
1.10	民三257	17
2. 1	自治振10	101,113
4. 3	民三1753	249
12.27	民三6679	41,42

【昭和51年】

月日	発翰番号	ページ
10.15	民三5414	16

先例年次索引

月日	発翰番号	ページ
【昭和52年】		
3.16	民三1620	138
【昭和57年】		
4.28	民三3238	71
【昭和58年】		
5.11	民三2984	233
7. 6	民三3810	15,18,19
【昭和60年】		
8.26	民三5262	16
【昭和63年】		
6.27	民四3365	284
7. 1	民三3456	281,282 287
7. 1	民三3499	282
【平成元年】		
3.17	民三891	54
【平成2年】		
4.18	民三1494	305

月日	発翰番号	ページ
【平成9年】		
12. 4	民三2155	220
【平成10年】		
1.12	民三36	54
【平成11年】		
6.15	民三1200	312
【平成13年】		
3.30	民二867	214,215
【平成15年】		
12.25	民二3817	269
【平成17年】		
8.26	民二1919	191
【平成18年】		
3.29	民二755	3,212 214,215

月日	発翰番号	ページ
【平成21年】		
9.10	民一2139	127
【平成27年】		
10.23	民二512	1,2,74 193,197 212,215 239,297

判例年次索引

月日	裁判所名	出典	ページ
【大正2年】			
5. 8	大 審 院	民録19・312	20
【大正4年】			
4.19	大 審 院	民録21・524	181,183
【大正6年】			
8.22	大 審 院	民録23・1293	307
【大正8年】			
10. 8	大 審 院	民録25・1859	294
10. 9	大 審 院	民録25・1761	11
12.15	大 審 院	民録25・2303	219
【大正10年】			
5. 9	大 審 院	民録27・899	164
【昭和2年】			
3. 9	大 審 院	民集6・65	295
【昭和4年】			
1.30	大 審 院	民集8・41	299
2.23	大 審 院	新聞2957・13	66

月日	裁判所名	出典	ページ
【昭和5年】			
12. 4	大 審 院	民集9・1118	160
【昭和8年】			
3. 6	大 審 院	民集12・325	20
12.19	大 審 院	民集12・2875	295
【昭和10年】			
10. 1	大 審 院	民集14・1671	7
【昭和37年】			
7.20	最 高 裁	判時310・28	166
【昭和39年】			
11.26	最 高 裁	判時397・32	307
【昭和40年】			
4.30	最 高 裁	判時411・64	309
【昭和41年】			
12.20	最 高 裁	判時475・33	165,175 179

判例年次索引

月日	裁判所名	出典	ページ
【昭和42年】			
4.18	最 高 裁	判時483·34	203
【昭和48年】			
3.16	最 高 裁	金法683·25	21
【昭和53年】			
1.30	東 京 高	判タ369·193	99
【昭和54年】			
4.19	最 高 裁	判時931·56	99
【昭和57年】			
6. 4	最 高 裁	判時1048·97	307,309
【昭和59年】			
5.29	最 高 裁	判時1117·3	44,52
【昭和60年】			
5.23	最 高 裁	判時1158·192	223

著　者　略　歴

青山　修
<ruby>青山<rt>あおやま</rt></ruby>　<ruby>修<rt>おさむ</rt></ruby>

　　司法書士・土地家屋調査士（名古屋市で事務所開設）
　　昭和23年生まれ　　日本土地法学会中部支部会員
　　名古屋大学大学院修士課程（法学研究科）修了
　　元東海学園大学人文学部非常勤講師
　　一般社団法人　日本ペンクラブ会員

主な著書・論文

　「会社計算書面と商業登記」、「第三者の許可・同意・承諾と登記実務」、「用益権の登記実務」、「利益相反行為の登記実務」、「仮登記の実務」、「不動産取引の相手方」、「民法の考え方と不動産登記の実務」（共著）、「抹消登記申請MEMO」、「相続登記申請MEMO」、「不動産登記申請MEMO－権利登記編－」、「不動産登記申請MEMO－建物表示登記編－」、「不動産登記申請MEMO－土地表示登記編－」、「商業登記申請MEMO」、「商業登記申請MEMO－持分会社編－」、「図解　株式会社法と登記の手続」、「図解　有限会社法と登記の手続」、「合資・合名会社の法律と登記」、「共有に関する登記の実務」、「図解　相続人・相続分確定の実務」、「建物の新築・増築・合体と所有権の帰属」、「不動産担保利用マニュアル」、「最新　不動産登記と税務」（共著）、「根抵当権の法律と登記」（以上、新日本法規出版）、「会社を強くする増資・減資の正しいやり方」（かんき出版）、「株式会社・有限会社登記用議事録作成の手引き」（税務経理協会）　など

Q&A　抵当権の法律と登記

平成30年4月4日　初版発行

著　者　青　山　　　修

発行者　新日本法規出版株式会社

代表者　服　部　昭　三

発 行 所　**新日本法規出版株式会社**

本　　社　(460-8455)　名古屋市中区栄1－23－20
総轄本部　　　　　　　　電話　代表　052(211)1525

東京本社　(162-8407)　東京都新宿区市谷砂土原町2－6
　　　　　　　　　　　　電話　代表　03(3269)2220

支　　社　札幌・仙台・東京・関東・名古屋・大阪・広島
　　　　　高松・福岡

ホームページ　http://www.sn-hoki.co.jp/

※本書の無断転載・複製は、著作権法上の例外を除き禁じられています。＊＊
※落丁・乱丁本はお取替えします。　　　　　ISBN978-4-7882-8371-8
5100008　抵当権登記　　　　　　　　　　ⒸⒸ青山修 2018 Printed in Japan